損か得か

いつもうまくいかない
人生を変える
18の思考法

三浦将

あさ出版

変化の入り口は損得勘定でいい

あなたは、あなたの人生に、どれくらい満足しているでしょうか？

今までの人生や現状、これからのことを考えると、どんな気持ちになるでしょうか？

ちょっと重たい気持ちになる人もいれば、「今までは悪くなかったけれど、未来についてはかなり不安」という人もいるかもしれません。

また、人生を振り返ったことで、「自分の気持ちを抑えたり、はぐらかしたりしながら生きていることもある」など、自分の生き方に関して様々なことに、あらためて気づく方もいるでしょう。

不安な人生や、満足していない人生を変えるには、まず自分自身が変わる必要があります。

オーストリアの精神科医で心理学者でもあったアルフレッド・アドラーは、人が変われないのは、「変わらないでおこうとする決心を下している」という見方をしています。

変わることにはリスクがあります。

人間はリスクを嫌うので、たとえ変化によって得られるものが大きくても、リスクを恐れる気持ちが勝ってしまいます。そのため、「変わりたい」と思っていても、潜在的に「変わらない」と決めているので、変わることが難しいのです。


この本の目的は、「人生において、どんな〝損〟をしているかを明確にし、損をしないために自分自身を変えるための第1歩を踏み出す」というものです。ライフハック的なプチスキルではなく、もっと根源から変わるために必要なことを厳選した18のことを書いています。

この18のことには、あなたの「人間性」を高めることも多く含まれています。「人間性」を高めるというと、ちょっと大げさに聞こえるかもしれません。しかし、ちょっとしたことの積み重ねで、高めることができるものなのです。

「自分の人生を〝損得勘定〟で考えるとは何たることか！」と思う方もいらっしゃるかもしれません。

でも、私はこう考えます。

「自分を変えるための入り口は損得勘定でいい」

異性にモテたいという不純な動機ではじめたこと（たとえば、ダンスやギターなど）であっても、いつしか本気で取り組むようになり、研鑽《けんさん》と向上を続けて、やがて人の心を強く動かすレベルにまで到達することだってあります。

入り口は、〝損得勘定〟だとしても続けていれば、それらはあなたの「人間性」を高める習慣となり、高められた「人間性」は、やがてあなたという人間の本質になっていくのです。

損得勘定からはじめるのは、言わば、無理をせず変わるためのとても合理的な方法なのです。

変わることを恐れない

突然ですが、質問です。
あなたは、いつも笑顔でいることができるでしょうか？

・ストレスや気分が下がる出来事によって、いつも笑顔でいることはできない
・無意識のうちに、人に仏頂面をさらしていることがあるかもしれない

人生は、いいことばかりではなく、嫌なことも起こるので、いつも笑顔でいたくても、そうあることは難しいかもしれません。

このように、「～したいのに、できない」「～したくないのに、やめられない」など、多くの人がつい やってしまっていることや習慣になっていることの多くが、「大きな損をしていること」だったりします。

しかも、よくよく考えてみると、これらはあなたの人生にかなりの影響がある〝損〟であったりします。そのためにも、まずはあなたが普段、無意識のうちに〝損〟なことをどれくらいしているのか、現状を知る必要があります。

本書では、各Chapterで紹介する損なことそれぞれについて、0点（まったくしていない）から10点（いつもしている）の範囲で数値化できるようにしているので、チャレンジしながら読んでください。数値は、「半々だから5かな」のように感覚でつけていただければOKです。

明確でなかったことを数値化することで、〝見える化〟していきます。見える化することで、自分の生き方や考え方を客観的に見直すことができ、得なものなのか、損しているものなのかがわかります。その上で、損なことをし続けるのか、得なことをするように変えるのかのどちらを選ぶのかを決めることができます。

どちらを選ぶかは、あくまで、あなたの自由です。

結局、「続けられる人が勝つ」という現実

もし、あなたが何となく「変わらなきゃ」と思いつつも、「努力するくらいなら、このままでもいい」と打算的な人生を送っているのであれば、それはかなり損をしています。

少しでも早く、得な生き方にするほうがいいでしょう。

「いやいや、簡単に変わることができれば苦労しない」と思う人もいるでしょう。

しかし、「変わる＝難しいこと」という観念を作っているのは、無意識のうちにあなたの心にはまってしまっている枠（思い込み）なのです。

この思い込みを変えれば、損な生き方を変えることができるのです。そして、そのために有効なのが、「習慣化」です。

なぜ習慣化が、思い込みを変えることに有効なのか？

それは、思い込みがどうやって作られるかにヒントがあります。

思い込みの多くは、家庭や学校、会社など、生きてきた環境からの長きに渡る影響によって作られます。そのため、親がポジティブである家庭で育った人は、自ずとポジティブな思い込みが多くなり、ネガティブな家庭で育った人は、ネガティブな思い込みが多くなります。


言い換えると、日々継続していること、つまり習慣を変えれば、それに付随した思い込みも自然と変わっていくのです。


私は若い頃、物事を続けられない人間でした。

早起きなど、行動の習慣化もできないし、通信講座などにも随分お金を使いましたが、1つも完遂しませんでした（笑）。

しかし、ある日、本を読んでいた時に、ふと将来のことを考えて、

「このままでは、こんな感じの人生が永遠に続いてしまう」

と強く感じた瞬間がありました。急に不安になった私は、これ以上損をしないよ

うに、

「どうやったら変われるか、何かを続けられるようになるのか？」

と習慣化のメカニズムについて必死で考えました。

やがて、毎朝4時30分に起きて勉強や仕事をしたり、運動や食事制限の習慣を続けられる人間になりました。行動だけでなく、「考え方」や「物事の捉え方」の習慣も、損なことをやめて、どんどんお得なほうへ変えていきました。

その結果、私の人生は劇的に変化し、今では習慣についての本を書くまでに至っているワケです。


習慣化を成功させるうえで特に大切なことは、

「低いバーを設定し、日々越え続ける」

ことです。

しかし、多くの人が、高いバーを設定してしまいます。

ダイエットをするにも、勉強をするにも、すぐに得られる大きな成果を求めてしまうと、数日後には、バーを越えるのが億劫になってきます。それで、三日坊主になり、習慣化できないというのが、典型的なパターンです。

バーの設定が低い場合、越えるのが難しくないので、越え続けやすい。そして、越え続けていれば、やがてバーを徐々に高くしていくことができます。これが習慣化を成功させる最大のポイントです。

つまり、「急がず、焦らず、手抜きせず」が肝心なのです。

あなたが「変わらなきゃ」と思ったのなら、今の自分がどれだけ損なことをしているのかをきちんと把握し、少しでも損なことを得なことに変えていくようにしましょう。そうすることで、思い通りの人生を生きられるようになるのです。

バーの設定は、低いところからはじめる

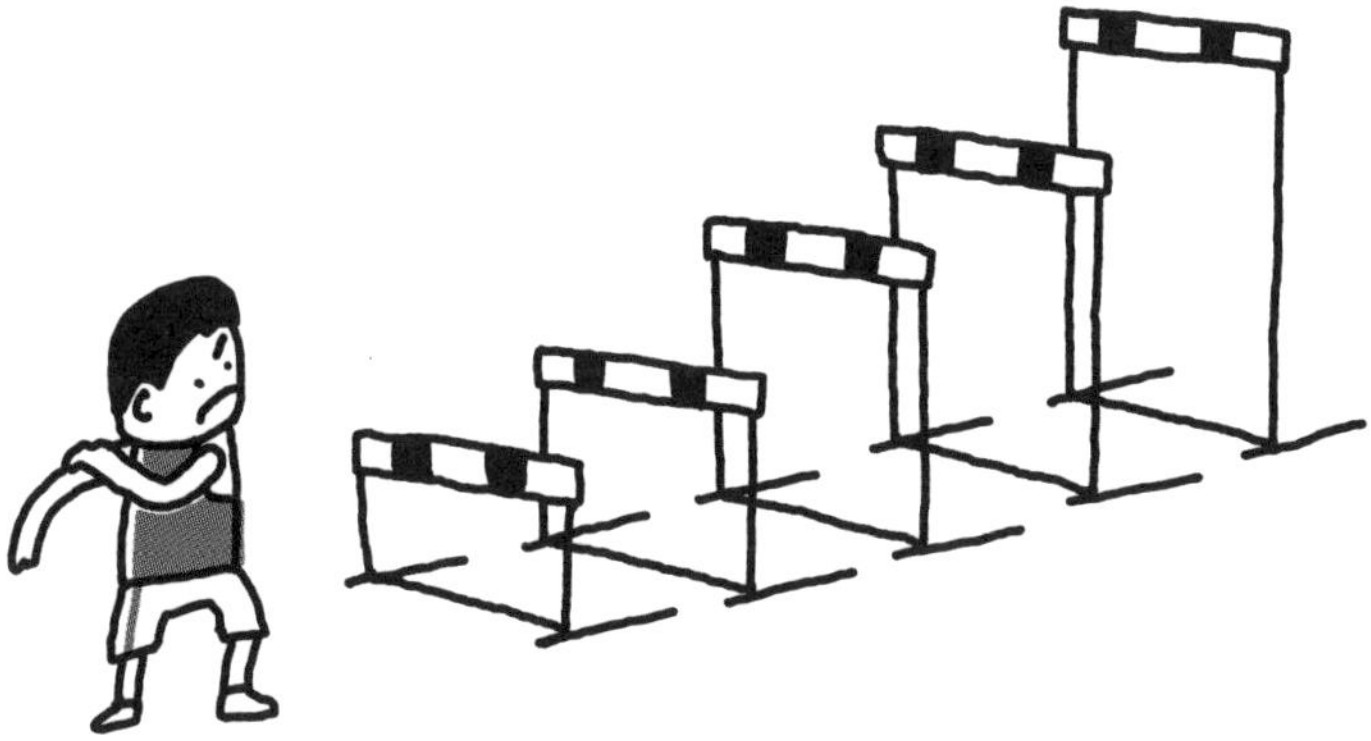

Chapter 1

自分との関わり方での「損」をやめる

Chapter 2

人との関わり方での「損」をやめる

Chapter 3

仕事のやり方での「損」をやめる

Contents

本書の使い方

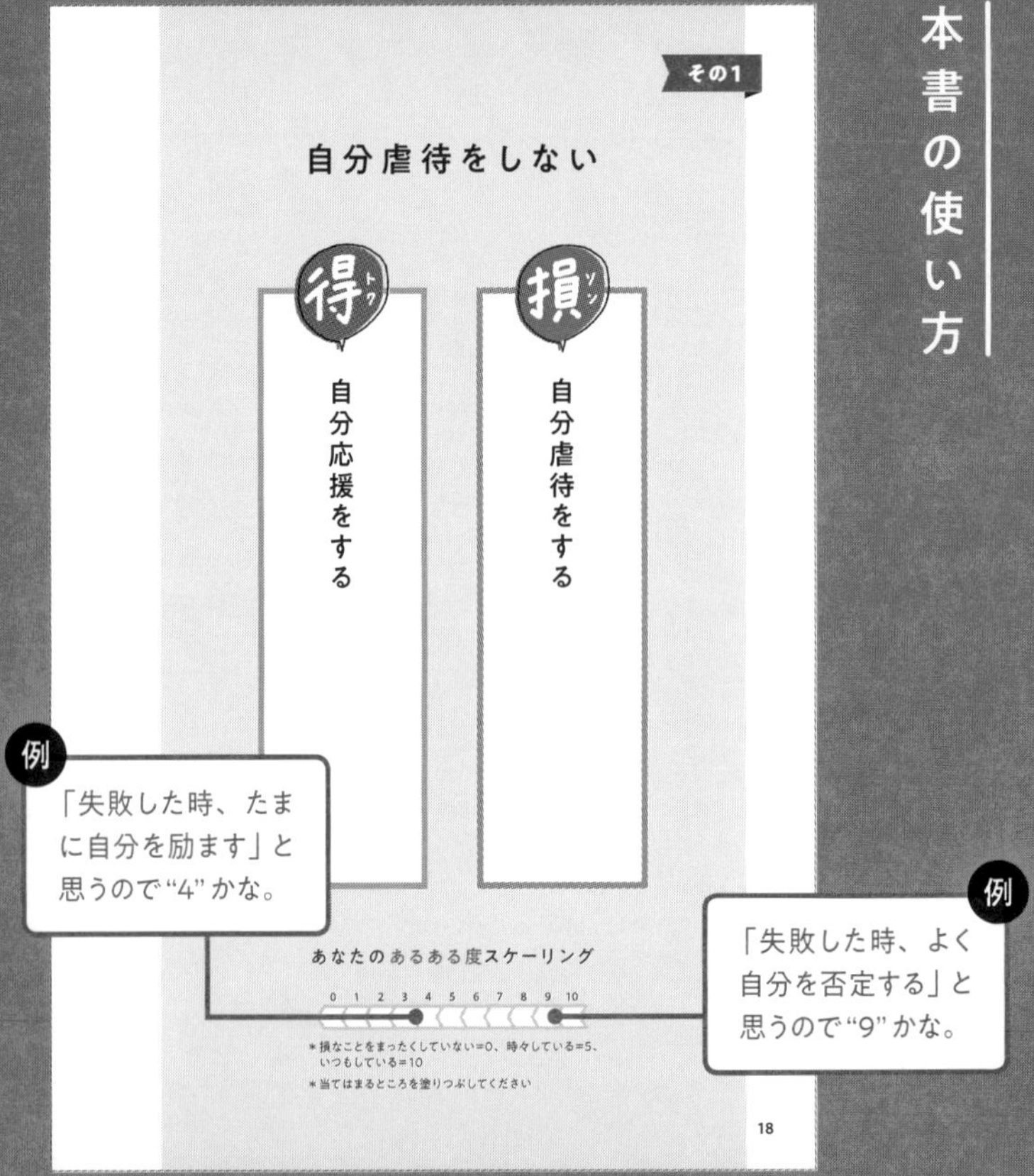
その1
自分虐待をしない
得《トク》
自分応援をする
損《ソン》
自分虐待をする
あなたのあるある度スケーリング
0 1 2 3 4 5 6 7 8 9 10
＊損なことをまったくしていない=0、時々している=5、いつもしている=10
＊当てはまるところを塗りつぶしてください
18
例
「失敗した時、たまに自分を励ます」と思うので“4”かな。
例
「失敗した時、よく自分を否定する」と思うので“9”かな。

本書では、あなたが普段、どれくらい「損なこと」をしているのかを数値化して、客観的にあなたのことを知ることができます。各ページでご紹介する「損なこと」それぞれについて、“あなたのあるある度スケーリング”をご用意しましたので、0点（まったくしていない）から10点（いつもしている）の範囲で、当てはまるところを例のように塗りつぶしてください。

考え方や行動は、徐々に変えることができます。定期的にご自身の「損なこと」「得なこと」を見直すために、本書を読み返して、その都度“あなたのあるある度スケーリング”に当てはまるところを塗りつぶすようにしましょう。

Chapter 1

自分との関わり方での「損」をやめる

自分虐待をしない

得《トク》

自分応援をする

損《ソン》

自分虐待をする

あなたのあるある度スケーリング

0 1 2 3 4 5 6 7 8 9 10

＊損なことをまったくしていない=0、時々している=5、
いつもしている=10

＊当てはまるところを塗りつぶしてください

王様級の損なこと

まず、あなた自身に関する損なことからです。

「自分で自分を虐待する」

この言葉の響きに、何とも言えない違和感を抱いた人も多いでしょう。
なぜ、このことを最初に持ってきたかというと、これが言わば「損なことの王様」だからです。

「自分で自分を虐待する」とは、何かうまくいかなかった時や失敗した時に自分自身にネガティブな言葉を浴びせたり、罵ることで、自信を奪い、やる気をなくさせることを指します。そして、いつもあなたが難なく出せている力さえ出せなくなってしまうのです。

アメリカで行われた心理学の研究によると、人間は無意識のうちに、自分と会話をしているのだそうです。それは1日6万回以上にも及ぶと言われています。

この瞬間も「本当に自分と会話なんてしているのかな?」「そう言われると、自分に対して話しかけている気がする」というように会話しているのです。

定食屋でメニューを決める時に、「肉野菜炒めにする? 鯖の味噌煮にする?」という質問を自分にしていたり、朝、起きた瞬間に頭が痛いと、「昨日の飲みすぎが原因かな?」など、その日の最初の会話相手が自分という人も少なくないでしょう。

自分と会話をするということは、自分の中に話しかける側と聞く側がいるということです。

「インナーゲーム」というメンタルトレーニングの理論の創始者ティモシー・ガルウェイは、自分との会話において自分に話しかける側を〝セルフ1(命令者たる私)〟、

〈セルフ1〉と〈セルフ2〉が対等に何気ない会話をしている

それを受ける側を〝セルフ2（実行者たる私）〟という言い方をしています。

この自分との会話が、「肉野菜炒めか鯖の味噌煮か」といった何気ないものであれば、「自分で自分を虐待する」ことにはつながりません。

では、自分が失敗した時はどうでしょうか。

ちょっと思い出してみてください。

こんな風に自分に言っていませんでしたか？

「なぜできないんだ」
「なんてダメなんだ」
「どうせ才能がないんだ」

と、自分で自分を責めたり、ダメ出ししたりするのです。

「そういえば、あの時、自分の中の〈セルフ1〉が、ネガティブな言葉を容赦なく〈セルフ2〉の自分に浴びせかけていた」という経験を思い出した方もいるかもしれません。


このように、〈セルフ1〉が〈セルフ2〉に、上から目線で否定・非難する「タテの関係」になると、あなたは、あなた自身によって勇気をくじかれ、傷つけられ、パワーダウンしてしまうのです。

これを私は、「自分虐待」と呼んでいます。


自分虐待が起こると、つらい気分が強くなり、自信を奪われ、やる気や勇気がくじかれます。そして、いつもあなたが出せている力さえ出せなくなってしまうのです。

自分虐待は、こんな損なことのオンパレードなのです。

自分の中の関係が「タテの関係」になっている

セルフ2　　　　セルフ1

そういう私も、かつては「自分虐待」を本当によくやっていました。失敗しては、自分を否定し、非難し、虐待して、回復するのに随分と時間がかかって……。今思えば、かなりの大損害ですね。

失敗の正体を知ることで、自分虐待はやめられる

そもそも失敗はそんなに悪いことなのでしょうか。実はそこが落とし穴なのです。なぜなら、「失敗＝悪いこと」も単なる思い込みだからです。

あなたは、1回失敗しただけで次のように思うことはありませんか？

- **自分にはできないと思い込む**
- **自分はダメだと思い込む**
- **自分には才能がないと思い込む**

では、質問です。これらは本当にそうなのでしょうか？

今できないからといって、将来ずっとできないと誰が決めつけられるのでしょうか？

「できない」「ダメ」「才能がない」、そんな思いがよぎったら、

「本当？　そんなこと誰が決めたの？　誰がわかるの？」

と疑い、自分に問いかけることをオススメします。

問いかけることで、本来の自分に気づき、ネガティブな思い込みにしてやられ、大損害を被ることから逃れるのです。

そして、次のような言葉を〈セルフ2〉にかけて彼（彼女）を励ましましょう。

「まだ結果に至っていないだけ」

「これもできるようになるための過程」

「やりたいことをしっかりイメージして」

「続けてごらん、できるから」

このように、〈セルフ1〉が〈セルフ2〉を励まし、勇気づけてくれる「ヨコの関係」になると、失敗からの回復が早くなり、「よし！ もう1度やってやる！」というエネルギーが増幅していきます。

この時、あなたの本来の力、そしてこれまで発揮されてこなかったあなたの潜在能力が、ムクムクと起き上がってくるのです。

自分虐待は、自分で自分を痛めつけ、自分で自分の足を引っ掛けて転んでいるようなものです。こんなことをしていると、再チャレンジできない（できるパワーがチャージされない）という結果になってしまいます。

一刻でも早く「自分虐待」という〝損〟な行動をやめることをオススメします。そして、自分を応援する機会を増やしていくと、その結果、あなたのやり抜く力が増大し、同時に潜在能力の発揮も進むのです。

自分の中の関係を「ヨコの関係」にする

セルフ2　　　　　セルフ1

「一生懸命やったのに失敗してしまった」自分にかけてあげるマジックワード

失敗すると、どうしてもネガティブな感情に支配されてしまいますが、それは仕方のないことです。そこから早く回復することで、失敗を糧に成功への1歩を踏み出すことができます。

自分を早く回復させるためにかけてあげたいマジックワードをご紹介します。

Magic word

「だからよかった」

失敗した直後は、このマジックワードを声に出すことに抵抗があると思います。しかし、繰り返し声に出してみると、やがて不思議と心が落ち着き、静まっていく感覚になるのです。

イノベーションは、失敗から起こるとよくいいます。

たとえば、接着剤を開発していて、想定以上に粘着性の低いものが出来上がってしまった結果、生まれたのがポスト・イットです。最初は失敗だと思っていた開発者も、「だからよかった」と、心から思えたことでしょう。

また、スティーブ・ジョブズは、自分が設立したアップル社を30歳で1度クビになったことを、スタンフォード大学の卒業式の式辞の中で、「アップルを追われなかったら、今の私はなかったでしょう」と表現しています。

まさに、「だからよかった」なのです。

興味のある方は、何かうまくいかなかった時や失敗した時に、実際にやってみて、その効果を実感してみてください。ただし、これは一生懸命に物事にあたった上での失敗についてのみ有効なので、適当にやって失敗した時は、素直に深く反省することをオススメします。

自分中心になる

得《トク》

達成したいことに注目して生きる

損《ソン》

人の評価を気にして生きる

あなたのあるある度スケーリング

0 1 2 3 4 5 6 7 8 9 10

＊損なことをまったくしていない=0、時々している=5、
いつもしている=10

＊当てはまるところを塗りつぶしてください

自意識に囚われる人たち

人の目は気になりますか？

なりますよね。

「人から承認されたい。自分のやっていることが正しいと思いたい」
「人に格好悪い姿はさらしたくない」
「能力がない人とは思われたくない」

このように、自意識に囚われるのが人間というものです。

何をするにしても人の目を気にしすぎると、随分損することになります。

1974年、哲学者のミシェル・フーコーは、著書『監獄の誕生―監視と処罰』（新潮社）の中で、人の目を気にしすぎて自分の行動を束縛する生き方の人たちを、「パ

パノプティコン

ノプティコンの中に入れられた囚人のようである」と表現しました。

パノプティコンとは、イギリスの哲学者ジェレミー・ベンサムが考案した監視システムです。監視塔からはすべての独房の様子を窺《うかが》うことができる一方で、独房からは監視塔の様子がわからないように設計されています。そのため、囚人は常に「看守に見られているかもしれない」と気にしながら過ごさなくてはなりません。

フーコーは、このことから自意識に囚われて行動を制限している人をパノプティコンに収監されている囚人になぞらえたのです。

さて、ここで質問です。あなたは次のことにどれほど思い当たるでしょうか。

- **人からどう見られているか、人からの評価を常に気にしている**
- **SNSで「リア充」を演出したり、書き込みにいちいち反応している**
- **人と比較して、一喜一憂する**
- **有名人や力のある人物とのつながりを誇示する**
- **自分で認識している自分より、ちょっと上に見られるよう演出している**
- **失敗すると格好悪いので、無難なことばかりをしている**

思い当たることが多かったあなたは、パノプティコンの囚人と同じ状態です。

SNSの投稿に「いいね」がたくさんついたり、フォロワー数が増えて、承認欲求が一時的に満たされたとしても、しばらくすると満たされなくなるのが人間です。

フランスの精神分析家であるジャック・ラカンは、「他者からの承認では、人は決して満たされることがない」[*1]という旨を説いています。本当の満足は、他人からの承認や評価によるものではなく、「自分自身に承認されること」なのです。

人の目ばかり気にしている人は、明確な人生の目的や達成したいことを持っていないことが多く、集団の中でどう見られ、どんなポジションにあるかが気になり、自分を繕うことにムキになります。自分を繕うことにエネルギーを費やしていると人生の目的に費やすエネルギーが乏しくなるため、あなたが向き合うべき目的や達成したいことに集中できません。

つまり、「自分がどう見られているか」「どう思われているか」ばかりに囚われているということは、「何ひとつ一生懸命やっていない」ということになるのです。

こんな状態では、あなたの本来の力が発揮されるどころか、自分で自分を認められていないので、他人に承認を求め続け、自分を繕うことにエネルギーを費やしていく恐ろしく損なサイクルに陥ってしまうのです。

このようなサイクルから抜け出すために大事なことは、人の目を気にする時間を

人の目を気にしすぎる人

少なくして、意識を
「人生の目的」

「達成したいこと」

にできるだけ集中させることです。

四六時中、ＳＮＳをチェックしている人は、そんな損なサイクルから抜け出すために、スマートフォンやパソコンの電源を落としておく時間を作るようにしましょう。

＊1　ラカンの著書『エクリ』には、「人間の欲望が形作られるのは、他者の欲望としてである」という記載があります。

目的にフォーカスすることのメリット

人は、人生の目的や達成したいことにフォーカスすると、目の前にあるものに一生懸命になります。その間は、人の目を気にしなくなるので、心配したり、不安になったり、嫉妬したりして心が不安定になる時間を減らすことができるのです。

さらに、目の前にあるものに一生懸命になることで、一つひとつのクオリティを高いものにしていければ、やがてよりレベルの高いことにチャレンジする機会が訪れます。これらを繰り返すことによって、いつしか途方もないレベルにまで到達することができます。

このように、行動とチャレンジができる体質になっていくと、「行動している自分」「たとえ失敗しても、目的に再び立ち向かっていく自分」を自分自身で認められるようになり、人の目を気にする必要もなくなっていくのです。

目的がない人や信じるものがない人は、人の目が気になる

大谷翔平は自分中心？

目の前のことにフォーカスするために、あえてこういう言い方をします。

「もっと自分中心になれ」


ここでいう「自分中心になる」とは、わがまま（selfish）とは違い、

「他人の世界で生きない」

「他人の価値観で生きない」

ということです。

つまり「自分の本質を大切にする」ということです。自分の本質を大切にすることによって、パノプティコンの世界から解放されるのです。

私が「自分の本質を大切にしている」と思う人の1人に、メジャーリーグで活躍している大谷翔平選手がいます。

彼はかなり不利な契約条件を承知の上で、メジャーリーグに移籍しました。*2 大谷選手にとって、おそらくお金は二の次だったのでしょう。それだけ、「自分の野球を極める」ことにフォーカスしているのだといえます。

私たちは大谷選手の一挙一動について何かと騒ぎ立てますが、彼からは騒がれていることを気にしていない感じが伝わってきます。

「圧倒的な才能があるから、そう振る舞えるんだ」という意見もあるでしょう。しかし、圧倒的な才能がある人でも、大谷選手のようにやりたいことだけにこれほどフォーカスできる人はいないのではないでしょうか。

世界で最高峰の才能を持つ人に、こんな風にフォーカスされては、「この人にはさすがに敵いっこない」と皆思ってしまいますね。

---

*2　大谷選手がアメリカへ渡る時、「あと2年待てば契約金は数倍になる」と報道されました。

「人からの評価に悩む」自分にかけてあげるマジックワード

人の目を気にするのは損だとわかっていても、人からの評価などでショックを受けることもあります。そんな時は、次のマジックワードを声に出してみてください。

Magic word

「組み合わせがよくなかったね」

「20-60-20の法則」というものがあります。これは、20％の人は、何があってもあなたを評価し、20％の人は、あなたが何をしても気に入らず、そして残りの60％は、あなたの言動次第で評価が変わるものです。つまり、全員に評価をされることはかなり難しく、何人かに評価されなくても仕方のないことなのです。

あなたを評価しない人とは、たまたま相性やタイミングが悪かった、組み合わせがよくなかっただけだと割り切ることをオススメします。

20-60-20の法則

20%	60%	20%
何があってもあなたを評価してくれる人	あなたの言動次第で評価が変わる人	よっぽどのことがない限りあなたを評価しない

（左の20%）人の目を気にしすぎる人は、この人たちに本当の自分を見せていない

（右の20%）人の目を気にしすぎる人は、この人たちからの評価や言葉にばかり注目している

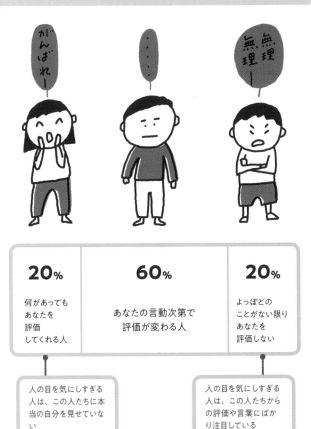

バカになる

得《トク》

感覚的なものに素直になる

損《ソン》

常に理論や理屈を最重要視する

あなたのあるある度スケーリング

0 1 2 3 4 5 6 7 8 9 10

＊損なことをまったくしていない＝0、時々している＝5、
いつもしている＝10

＊当てはまるところを塗りつぶしてください

小利口な人は常に根拠を求める

論理的・科学的であることは、物事の妥当性や再現性を検証するうえでとても重要です。しかし、これらにばかりこだわると肝心なことがズレはじめ、理屈ばかりの頭でっかちになってしまいます。

これは、かなり損なことです。

世の中は、予測不能なことや想定外のことだらけです。

理屈ばかり言っている小利口な人は常に根拠を求め、行動よりも思考にエネルギーをたくさん使うため、なかなか走り出すことができません。

これは、「傷つきたくない」「失敗したら格好悪い」「ムダなことがあると嫌だ」などの深層心理が強く働いている状態です（これも単なる思い込みです）。自信がなくて恐れや不安のある人、または「バカを見たくない」と強く思う人が理屈に頼

賢く逞しい人と小利口な人

ろうとする気持ちはよくわかります（私も元々そういう人間でした）。

賢く逞《たくま》しい人は、やたらに根拠を求めません。余分なことを考えている暇があったら、とっとと走り出します。なぜなら、紆余曲折があっても、そのほうが目標へ到達できるスピードと確率が上がることを経験して知っているからです。

走りながら考えることによって、次々に起こる出来事の対応を考えて目標へ近づくことができるので、より成果に結びつきやすくなります。

つまり、行動を続けている時点で、

ほとんど達成していると言っても過言ではありません。

笑われる人が偉大になる

小利口な人のように理屈で考え、評論し、行動しない人ほど、（行動する人への嫉妬の気持ちも多分にありながら）人のチャレンジを小バカにしがちです。そして、自分がそう思うからこそ、他人も自分をそういう目で見ていると考え、自分がチャレンジしたらバカにされるという恐れに苛まれます。

この恐れを乗り越える秘訣は、**「バカにされる勇気を持つ」**ことです。

残念ながら、世の中にはチャレンジする人を小バカにする傾向があります。そのような傾向を良い悪いというのではなく、「人とは、そうやって人のやっていることとにケチをつけたがる生き物だから仕方ないよね」と思ってしまえば、チャレンジする勇気を取り戻すことができます。

元プロ野球選手のイチロー（鈴木一朗）さんが、世界記録となる日米通算4257安打を記録した時の記者会見で、「常に人に笑われてきた悔しい歴史が、僕の中にはある。これからもそれをクリアしていきたいという思いはあります」と言っていました。

2004年、落合博満《ひろみつ》さんは中日ドラゴンズの監督に初就任した際、「この1年は、補強を凍結し、個々の選手の能力を底上げして日本一を獲る」という公約を掲げました。この時、マスコミをはじめ関係者は一様に嘲笑したといいます。落合さんは一流選手でしたが、監督としては未知数だったからです。

しかし、そのシーズンの結果は、日本一には届かなかったものの見事リーグ優勝でした。

このように、イチローさんや落合博満さんという野球をする者にとって神のような存在の人たちでさえ、人一倍バカにされ、笑われるという経験を乗り越えていったのです。

彼らがバカにされ、笑われたように、あなたがやろうとしていることや、していることをバカにされ、笑われたら、それは大きなチャレンジをしているという証拠です。

むしろ誇りに思ってください。

そして、あなたが仕事や人生において積極的にチャレンジする人をバカにしたり、皮肉ったりすることが結構あるなと気づいた場合は、チャンスです。

今すぐ、次のように変えていきましょう。

バカにされる経験をしている＜バカにする経験をしている

↓

バカにされる経験をしている＞バカにする経験をしている

これは、人生におけるチャレンジに対して、グランドの外で傍観している側からプレイする側に回る機会を少しずつ増やすということです。

プレイすれば、失敗したり、恥をかいたり、笑われることもあるでしょう。しかし、グランドの外からでは決してわからない世界を経験し、最高の瞬間を体験することもできるのです。

“DON'T THINK, FEEL”

プレイする側に回ることが増えてきたら、次は、頭で納得してから動くという思考パターンをやめてみましょう。

頭で納得してから動くのは、「石橋を叩いて渡る」ことと同じです。しかし、慎重すぎて石橋を叩きすぎてしまうと、なかなか動けなくなり、石橋を叩きすぎて壊してしまうため渡ることすらできないのです。これでは、いくらぬかりなく準備してもチャレンジに踏み出すことができないですね。

私は、理系の大学で学んだあと、文系職に就職、海外留学、5回の転職、独立、起業など、これまで多くのチャレンジをしてきましたが、頭で納得してから動くというパターンを取っていたら、どれ1つとして踏み出せなかったでしょう。「できるから動く」ではなく、「やりたいから動く」が勝っていたから動けたのです。

頭で納得してから動くという思考パターンの回数を徐々に減らしていくためには、「感覚的なものに素直になる」ことが肝心です。

ブルース・リー流に言うと、"DON'T THINK, FEEL"です。

このような話をすると、「感覚的になるのはなんか苦手で……」とおっしゃる方がいますが、人間には感覚や感性というものがもともと豊富にあります。

もう1度言います。あなたの中には感覚も感性も、ちゃんとあります。

苦手な方は、感覚や感性から遠ざかっているだけなのです。感覚的なものを意識していけば、必ずまた蘇ってきます。安心してください。

私がコーチングしているある男性も最初、「感覚的になるのは苦手なんです」と言っていましたが、3回目のセッションあたりから、こちらが驚くくらい感覚的かつイメージ豊かに物事を考えるようになっていかれました。これは、彼に限ったことではなく、他の方も同じです。

もともと持っていた感覚や感性（それまで本人が「ない」と思い込んでいたもの）が、表面に出てきただけの話なのです。

さて、彼らのように感覚や感性に素直になるためには、

「情緒的なものに触れる機会を増やす」

ことが有効です。スマートフォンやパソコンの画面を見ている時間をできるだけ少なくし、音楽や美術などの情緒的な趣味を深めたり、美しい景色や大自然に触れる機会を作ることに大切な時間を割り当てていくことをオススメします。

情緒的なものに触れる機会を習慣化していくと、あなたの中にもともとある感覚や感性が蘇るとともに、磨かれていきます。ワクワクする感覚が得られ、楽しそうなことや実現したいことをイメージする力も自ずと高まっていくのです。

理屈をこね続けたり、グランドの外から人のことをあだこうだと言ったりしている損な行為を続けるのではなく、時には笑われながら、自分の人生の主人公として逞しく生きていくことをはじめてみるのはいかがでしょうか。

「つい評論家になってしまう」自分にかけてあげるマジックワード

理論や思考を重視しすぎて、感覚的なものを軽視する傾向にあると、評論家になってしまいます。自分が評論家になっていると感じる時、自分にかけてあげたいマジックワードはこちらです。

Magic word

「まずはドリーマーの部屋からスタートしよう」

ミッキーマウスの生みの親であるウォルト・ディズニーが事業を考える時、

- ・ドリーマーの部屋
- ・リアリスト部屋
- ・クリティックの部屋

の3つを行き来していたという話があります。

ドリーマーの部屋では、笑われるようなことでも、バカにされるようなことでもいいので自由に考え、「本当に達成したいこと」「本当に実現したいこと」を夢想します。この部屋では、理論や制約は一旦横に置いておいて、「何でもできるとしたら」という前提で発想します。世の中をあっと言わせる人ほど、この部屋で子どものように夢を描きます。

そのため、ぶっ飛んだ発想ができるのです。

ウォルト・ディズニーがこの部屋に入ることがなければ、ファンタジーに溢れたディズニーの映画も、世界中の人たちを「夢の国」に案内するディズニーランドも生まれることはなかったでしょう。

ドリーマーの部屋で、ぶっ飛んだ発想をしたら、今度はリアリストの部屋に入ります。ここは、「この夢を実現するためにどうしたらいいのか？」という実務家の視点で具体的な戦略や行動を考える部屋です。

3つの部屋

戦略や行動案を組み立てたら、今度はクリティックの部屋に入り、建設的な視点から夢を批評し、実現の可能性やリスクなどをチェックして、実現のための漏れやダブりなどを発見します。

ここで肝心なことは、まずは

「ドリーマーの部屋からスタートする」

ということです。

リアリストの部屋やクリティックの部屋からスタートしてしまうと、どんどん夢がしぼんでしまったり、企画することが平凡でつまらないものになってしまうのです。場合によっては「やらないこと」の理由づけを行うという何ともおもしろくない仕事に時間を浪費することにもなります。

ドリーマーの部屋からスタートすると、リアリストの部屋もクリティックの部屋も「その夢を実現するためのポジティブで建設的な協力者」として活躍します。

この3者が最強のタッグを組むことによって、人をワクワクさせたり、驚かせるような形で人の役に立つサービスや製品を世に送り出すことができるのです。

評論家でいることに偏りかけたら、

「まずはドリーマーの部屋からスタートしよう」

と自分に声をかけてあげてください。あなたの中の夢想家が、物事を意外な方向へ展開させていくことになるでしょう。

その4

リミッターをはずす

損《ソン》

すぐに「無理」だと考える

得《トク》

「できるかも」と考える

あなたのあるある度スケーリング

0 1 2 3 4 5 6 7 8 9 10

＊損なことをまったくしていない=0、時々している=5、いつもしている=10

＊当てはまるところを塗りつぶしてください

思い込みの壁を越える

メンタルコーチとして、企業のCEOやオリンピック代表に選ばれるようなトップアスリートと接することが多いのですが、彼らですら持っているポテンシャルを100％発揮できている人はいません。彼らは潜在能力を発揮する確率が比較的高いほうですが、それでもコーチングを通じて、さらなるパフォーマンスの向上がいくらでも見られるという事実から、人の潜在能力には、かなりの奥深さがあると感じています。

出しているパフォーマンス÷持っているポテンシャル＝潜在能力発揮率

この潜在能力の発揮を妨げるものの筆頭が、「思い込み」です。
思い込みには、潜在能力の発揮のリミッター（制限するもの）になる思い込みと加速装置となる思い込みがあります。

リミッターになる思い込みの代表的なものが、「無理」や「難しい」と思ってしまうことです。特に、「難しいから無理」と思ってしまうと、強力なリミッターとなります。

脳は、無理と判断した途端に、働くのをやめてしまいます。ちょっと難しそうなことに対して、すぐに「無理」と言ってしまいたくなるのは、試行錯誤や苦労をするより、無理と考えることで取り組むことから逃れられるので楽になるからです。

「無理」の種類と付き合い方

無理には、「誰がやっても無理」と「自分には無理」の2つがあります（図1）。

さらに、「自分には無理」には、〝自分には合わない〟〝興味が持てない〟の無理と〝自分にはできない〟の無理があります。特に〝自分にはできない〟は、自己否

図1　「無理」のジャンル分け

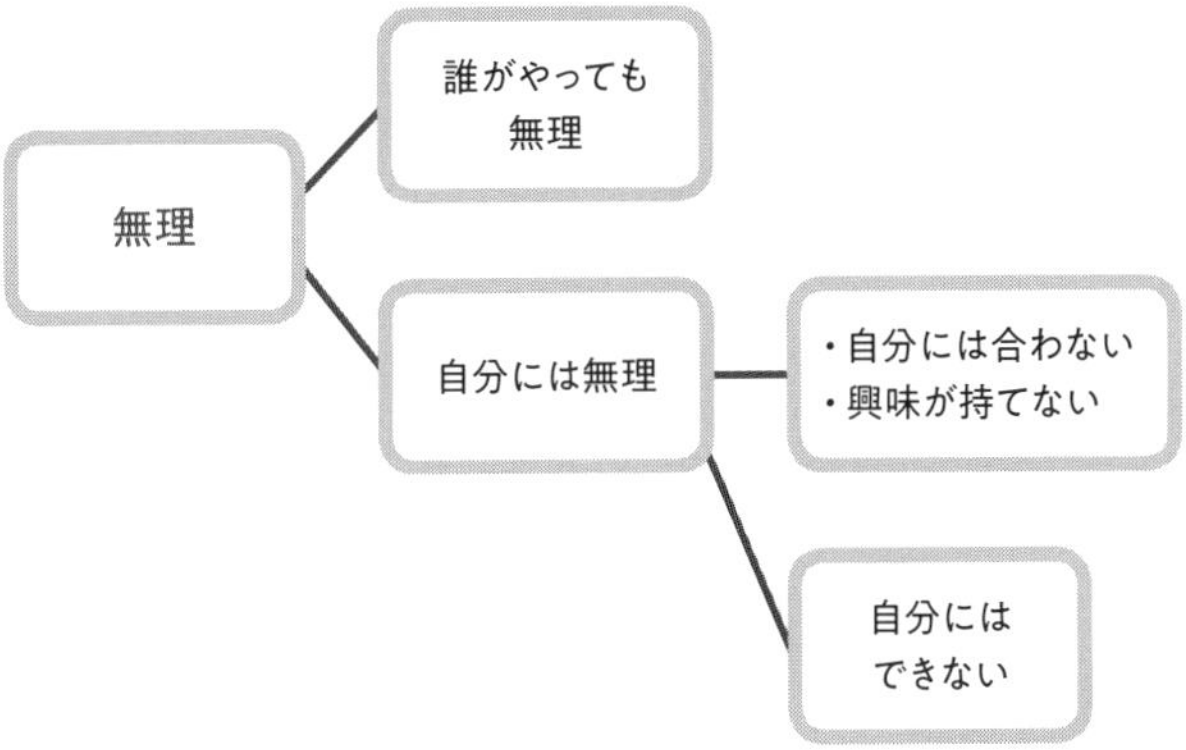

定や卑下する気持ちなどが入るため、パワーダウンします。

「誰がやっても無理」というのは、取り組まないことへの最高の言い訳となります。「誰がやっても無理なんだから、やろうとする人はバカ。だから、私もやらない」という具合です。

たった１２０年前には、金属の塊である飛行機が空を飛ぶことなど「ありえない」とされていました。

つまり、「誰がやっても無理」というのは、ただの言い訳にしかすぎないのです。

次に、「自分には無理」というのは、経験やチャレンジをしようとしない人ほど、口にする傾向があります。

ちょっとしたことでも、実体験がなければ物事を成し遂げるための「頃合い」というものが感覚的に掴めません。いろいろやってみて、小さな失敗や成功を積み重ねていると、実体験で見つけた「ここは難しい」「ここはいける」などの見分けがついてきます。

そのため、物事を成し遂げていく人は、「ここはいける」という部分を突破口に、どんどんと可能性を広げていくのです。

すぐに「無理」と言ってしまう人は、やってみることもせず、いかに難しいか、成功確率が高くないかを証明するために、理屈の壁を作ることに終始してしまうのです。

その結果、誰でもできそうなことを選択するだけの人生を送ることになり、そんな自分に満足いかない気持ちを持ち続けてしまうのです。

潜在能力を知ると、「無理」ではなくなる

「人間は多い人でも潜在能力の10％程度までしか使えていない」という、〝能力の10％説〟があります。

これは、元々、ハーバード大学教授で、〝心理学の父〟と言われたウィリアム・ジェームズが、「人々は自らの知的潜在能力のごく一部しか経験していない」と語ったことから研究がはじまったと言われています。[*3]

あなたは、この10％の潜在能力をどう捉えますか？

「自分には大した潜在能力がない」でしょうか、それとも「まだまだ使っていない潜在能力がたくさんある」でしょうか。

＊3　これに関しては諸説ありますが、様々な研究結果が発表される中、決定的な証明が出るには至っていないのが現状のようです。

ここで損なのは、「自分には大した潜在能力がない」という思い込みです。

これがあると、「大した潜在能力がない↓だから今が限界だ↓無理だ」という連想が起こりやすくなります。

そのため、心にリミッターがかかってしまうのです。

一方、「まだまだ使っていない潜在能力がたくさんある」という思い込みがあると、**「能力を使い切っていない↓まだ可能性（ポテンシャル）がある↓できるかも」**となり、リミッターから解放され、潜在能力を発揮できるようになっていくのです。

思い込みを作るのは、自分です。

どうせなら自分の力が出る方向の思い込みを持ってしまったほうがよっぽど得ではないでしょうか。

図2　「潜在能力」の捉え方

大した
潜在能力がない

限界

ムリ

まだ使っていない
潜在能力がある

まだまだ余裕

できるかも！

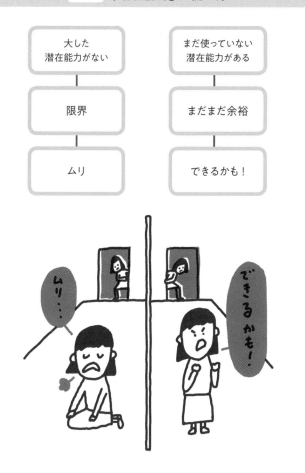

「つい〝難しい〟と言ってしまう」自分にかけてあげるマジックワード

普段の会話や会議の場などで、「難しい」や「無理」と言うのがクセになっていると、自分だけでなく周りにも悪影響を与えてしまいます。リーダーであれば部下たちチーム全体に、親であれば子どもにもこの口グセが伝染します。なかなか「難しい」「無理」といった損な口グセがやめられない時は、このマジックワードを声に出してください。

Magic word

「難しい。でも、何とかなる」

このマジックワードは、否定したくなる気持ちを吐き出してから、ポジティブな言葉に変えるので、つい「難しい」や「無理」と自分にリミッターをかけてしまうワードを声に出してしまっても挽回できるのです。

まずは、「ネガティブ＋ポジティブ」での言葉を習慣化してから、段階を踏んでやがて次のような言葉に変えていきましょう。

「できたらスゴイね」

「シビれるね」

「挑戦のしがいがあるね」

「エキサイティングだね」

何事も一つひとつ、変化させていけば、「何とかなる」のです。

Column 01

困難な道を選ぶという選択

「満たされた愚か者であるよりは、満たされないソクラテスである方がましだ」

この言葉を残したのは、イギリスの哲学者ジョン・スチュアート・ミルでした。

これには、様々な解釈がありますが、「低いレベルで満足することなく、たとえ満足に到達し難い困難の連続が予想されても、より高みを目指す意志を大切にしたい」という意味があるのだと私は思います。

ただし、それには、弛《たゆ》まぬ研鑽とあくなきチャレンジを繰り返す覚悟が必要になります。

このことについて、あなたは何を感じるでしょうか？

東京大学法学部から、プロ野球の北海道日本ハムファイターズ（日ハム）にドラフト最下位（7位）指名で入団した宮台《みやだい》康平選手[*4]は、文武にわたる大変な努力家で、日米大学野球選手権の日本代表に選ばれた時もポケット六法を宿舎に持ち込んで勉強していたそうです。

学問に関しては、押しも押されもせぬ超エリートである一方、プロ野球選手としては、日ハムのドラフト最下位指名だったこともあり、将来の活躍の可能性は決して高くないというのが、世間の見方でした。

では、なぜ宮台選手はこの道を選択したのでしょうか。

それは、彼が「最も困難な道を選ぶ」人だったからです。

そのため、彼にとって最も困難であったプロ野球選手としての道をあえて選択したわけです。これを、「東大からプロ野球選手になるなんて無謀」「もったいない」と捉える人もいるでしょう。

しかし、彼の選択はいつも「最も困難な道」です。

＊4　2017年の日ハムのドラフト1位指名は、高校通算111本塁打の史上最多記録を持つ清宮幸太郎選手でした。

文系の最難関である東京大学法学部という、「最も困難な道」に挑戦してきた彼にとっては、然るべき選択だったのではないかと思います。

だからこそ、彼は両方を手に入れることができたのです。

私たちが常に宮台選手のように困難な道を選べるわけではありません。

しかし、安易な道を選び、妥協しがちな私たちの心にとって、とても大きな刺激になる生き様であることには変わりないでしょう。

Chapter 2

人との関わり方での「損」をやめる

感情の奴隷にならない

得《トク》

感情を力に変え、創造に使う

損《ソン》

感情の奴隷になり、破壊に使う

あなたのあるある度スケーリング

0 1 2 3 4 5 6 7 8 9 10

＊損なことをまったくしていない=0、時々している=5、いつもしている=10

＊当てはまるところを塗りつぶしてください

怒りの感情は、破壊をもたらす

感情は、大きなエネルギーを持っています。

特に、怒りの感情は激しく、放っておくと破壊行為につながります。破壊は、物だけではなく、積み上げてきたことや人間関係にまで至ります。

暴れ出した怒りは、猛獣《もうじゅう》のようなものです。

1度檻《おり》から放たれてしまうと、もうどうしようもありません。あたり構わず暴れ回って、周りのものを破壊してしまいます。場合によっては、一時の怒りの感情で、大切な人間関係を修復不可能な状態にまでしてしまうことさえあります。

心理学者のダニエル・ゴールマンは、「傑出したリーダーと並のリーダーの違いのうち90％は、知的な洞察力ではなく、感情に起因する」と述べています。

自分の感情を抑制したり、活用したりする能力は、ビジネスやリーダーシップにおいても大きな意味を持つということです。

感情が破壊に使われると、どうなるのか

一方、アルフレッド・アドラーは、「感情には目的がある」と言います。人間は、ある目的のために感情を利用し、発動するという考え方です。

たとえば、部下のミスについて、人前で激しく怒った上司がいます。

一見、彼が怒る目的は、ミスへの怒りです。

しかし、実は、これを機に自分と部下の上下関係をはっきりさせることが目的になっていたりしているのです。

厄介なことに、この真の目的を本人もハッキリと認識できていないことがありま

す。潜在的な欲求に突き動かされ、知らず知らずのうちに声を荒らげているなんてことも起こりうるのです。

「怒る時にちゃんと怒っておくことは、相手のためだ」

などと、いくら自分の行為を正当化しても、怒る目的のメインは、マウントを取ることにあるのです。

この感情からくる行為が、自分にとっても、相手にとっても、どれほどの破壊行為であるかを本人はちゃんと認識していなかったりします。

また、上司としては、激しく怒ることで、自分の権威を見せつけた気になっていても、みんなの前で罵倒された部下のほうは萎縮して、本来の力が出なくなってしまったり、場合によっては、うつになってしまうこともあります。

激しい恨みの感情が芽生えて、どこかで仕返しの機会を窺《うかが》うようになる人もいるかもしれません。

今の世の中、SNSに投稿したり、ハラスメントとして人事部に報告することもできるのです。会社や組織では、将来、上司—部下の関係が逆転することもありえます。

このように、怒りの持つエネルギーを自分のエゴを満たすために使うと、破壊に向かいます。

上司としての威厳を見せつける目的で、怒りという感情が発動され、破壊行為が行われた結果、部下の力の発揮は行われず、チームの士気と業績も下がり、上司としての評判はガタ落ちになります。

残念ながら、このようなことで得をする人は誰もいないのです。

怒りが込み上げてきた時は、まず、その場を離れることが効果的です。そして、離れた場所で、深呼吸をして気持ちを落ち着けるとよいでしょう。

他人よりも親しい人に厳しいのはなぜ？

妻や夫、パートナーなどに対して、怒りの感情を抱きやすい人もいます。

それは、相手に対する期待が大きいからです。「こちらの期待することを言わなくてもやってほしい」という、言わば、「甘え」があるからなのです。

子どもは、欲しいものがあると、駄々をこねて、親を困らせることによって手に入れようとします。同様に、大人が怒りの感情を出す時も、怒ることによって手っ取り早く目的を達成しようとする意図があります。

これは、非常に横着で、子どもっぽい、恥ずかしい行為なのです。

感情に振り回されて破壊的な行為に至る時、自分のメンツを保つことや根気よく物事を進めることに対しての横着さなど、大抵は自分のつまらない目的が原因になっています。

これは、感情に操られている、言わば「感情の奴隷になっている」状態です。

あなたは、感情の奴隷でい続けたいですか？

怒りは創造の源でもある

怒りには、良くも悪くも大きなエネルギーがあります。

このエネルギーを有効利用してきたのが、偉人と呼ばれる人たちです。

マーティン・ルーサー・キング・ジュニア牧師（キング牧師）が、アフリカ系アメリカ人の公民権運動の指導者として活躍したのも、人種差別に対する大きな怒りが原点にあります。キング牧師は、怒りを人種を超えた融和を実現するためのエネルギーに変え、活躍しました。

京セラの創業者である稲盛和夫氏が、第二電電（現在のＫＤＤＩ）を立ち上げた動機も同じです。当時、日本の通信事業を一社が独占していたことにより、非常に高い通信料金を支払わなければいけませんでした。彼は、このことに対して大きな怒りを抱き、それを力《パワー》として第二電電を立ち上げ、日本の通信料金を引き下げることに成功したのです。

こういった怒りを、「社会的義憤《ぎふん》」といいます。

怒りを社会的義憤として、多くの人たちがハッピーになるためのエネルギーとして活用すると、偉大なことを成し遂げることができます。

怒りのエネルギーは、使い方次第で破壊的にも建設的にもなりうるのです。

怒りを感じたら、気持ちを落ち着かせることに集中してください。そして、「何のために怒っているのだろう？」と自分に問いかけてみましょう。

そうすることで、怒りのエネルギーを得なことに使うのか、損することに使うのかを判断できるようになるのです。

トラブルメーカーになってみる

得《トク》

本当の自分を前に出す

損《ソン》

対人関係の摩擦を起こさないように生きる

あなたのあるある度スケーリング

0 1 2 3 4 5 6 7 8 9 10

＊損なことをまったくしていない=0、時々している=5、いつもしている=10

＊当てはまるところを塗りつぶしてください

薄っぺらなコミュニケーションの罠にはまっていませんか？

対人関係は、人生に大きな影響を及ぼします。対人関係に悩んでいると、毎日の気分が重いものになりがちです。特に家族や職場など、近い人たちとの関係は、何よりも深い悩みのタネとなる場合があります。

リアルなコミュニケーションでも、ＳＮＳなどネット上のコミュニケーションでも、現代人の多くは、「嫌われないこと」を第１優先にしている傾向があります。だからこそ、逆に人が潜在的に欲している、『嫌われる勇気』（ダイヤモンド社）が大ヒットしたのでしょう。

あなたはどんな対人関係を求めているでしょうか？

・いつも群れているけれど、嫌われないことに必死
・SNSにおいて「いいね」の数があればなんとなく安心する
・同調圧力にすぐ屈してしまう

このようなことばかり意識しているのであれば、とても〝損〟です。

本当の自分とは違う自分を作ることで、相手に嫌われないように気をつけ、本音と建て前を使い分け、なんとかうまくやっていこうとするのは、莫大なストレスになるからです。

「本当の自分で生きたい」という思いがありながら、「本当の自分を出すと嫌われてしまう」と恐れるので、体《てい》のいいように自分を繕い、本心を抑え込んだ薄っぺらなコミュニケーションに終始してしまいます。そして、本当の自分とは違う仮面をかぶって生きているうちに、気がついた時には、本当の自分が何なのかがわからなくなり、張りついた仮面を剥がすこともできなくなります。

しかし、今さら自分を変える勇気もないので、何となくこの状態が続いてしまい

ます。

「思っていること」と「言っていること」「やっていること」が一致しないので、ストレスが溜まっていくのです。冷静になった時、「私は何のために生きているんだろう？」とまで思うかもしれません。

「自分の存在意義までわからなくなるような状態」が続く人生は、本当に〝損〟だと思いませんか？

この原因は、「傷つくことが怖い」という心情にあります。

そもそも、異なる存在であるわけですから、人と人が傷つけあわない確率は、非常に低いにもかかわらず、人は傷つくことを過度に恐れるのです。

「すべての人に受け入れられなければ、自分はダメ」という風に思い込んでいる人もいるかもしれません。

本当にそうでしょうか？

これは、知らず知らずのうちに、他の人と比較して、自分の出来を減点していく減点主義的な価値観に毒されていることでもあります。毒されると、八方美人の傾向を帯び、減点を受ける自分や、人からちょっとした批判を受ける自分を自分で認められなくなっていくのです。

私がお伝えしたいことは、自分を繕うことによる〝損〟が、甚大であるということです。

自分を繕って相手に好かれても、本当の意味で自分で自分を認められません。自分で自分を誤魔化し、騙していることでもあるからです。これは、自分への潜在的な嫌悪にもつながります。

人から薄っぺらに好かれることを求めていては、自己肯定感が低くなるばかりです。

自己肯定感は、幸福感に大きく影響を及ぼします。自己肯定感が低いと、自分が幸福だと思いにくくなってしまいます。

また、自分を誤魔化して相手に接することは、相手へのリスペクト不足でもあり

自己肯定感が低い人と高い人

ます。相手に対しちゃんとしたリスペクトを持っていれば、繕っていない本当の自分で相手と向き合おうとするはずです。

自分を誤魔化して、相手にいいように見られようとすること自体が、相手を尊重していなかったり、アドラー流に言えば、相手を自分の欲望を得るための道具として見ていたりする表れなのです。

これでは、相手からの真のリスペクトを受けることができる可能性も、残念ながら断ち切ってしまっていることになります。

言いたいことを言う人生

対人関係の摩擦を起こさないような生き方について、ここまで結構ネガティブな書き方をしましたが、私自身はそんなにシリアスには考えていません。

なぜなら、「誰にでもあること」だからです。そして、メンタルコーチとしての経験上、「どうにでもできること」でもあるからです。

まずは、対人関係の摩擦を起こさない生き方は、とても〝損〟であるという認識を深めてみてください。

次に、本当のあなたを表に出しても、一定の割合の人たちには嫌われないことを知ってください。むしろ、「応援してほしい人から応援してもらえる」というメリットまであります。

自分を繕ったり、誤魔化したりせず、本当の自分や自分が本当にやりたいことを表現すれば、あなたが応援してほしい人のアンテナに引っかかっていくのです。

自分をちゃんと表現することは、反応してくれる人を見分ける手段でもあります。

本当の自分を出した時に、

・ポジティブに反応する人
・反応のない人
・ネガティブに反応する人

がはっきりします。

ここでも、「20-60-20の法則」（40ページ参照）が当てはまるのです。

対人関係の摩擦を起こさないように生きることは、ポジティブに反応してくれる人、つまりあなたを応援してくれるはずの人が、本当のあなたやあなたの考えに気がつかない状態のままにしてしまうことなのです。

ネガティブに反応する人は、あなたが本当の自分を出そうが、繕った自分を出そうがネガティブな反応をします。

これは、先述した「組み合わせ」の問題なのです。だから、そのような人たちは、視野の外に置いて、気にしなければいいのです。

それが最高の戦略です。

気にするだけ〝損〟なのです。


本当の自分を出したり、本音で話しはじめると、当然人との摩擦が起こります。

ここで大事なのは、摩擦の定義です。

人間関係の摩擦は、いけないものであるという「思い込み」が、多く見受けられます。コーチングで、クライアントさんの人間関係の悩みなどを聞いていても、そう思っている方がほとんどです。


摩擦は、すり減ることと同時に、「磨かれること」でもあります。人間同士でいい摩擦を起こせば、物事や考えが磨かれるのです。

私は、かつて外資系の企業で働いていた時、アメリカ本社でのミーティングでは、ガンガンぶつかり合い、摩擦し合っていました。

ミーティング中は、お互いの主張をぶつけ合い、烈しい応酬になるのですが、ミーティングが終わると、何かスポーツの試合をしたあとのような清々しさを覚え、一緒にランチをしている時などは、非常に和気藹々《わきあいあい》とした雰囲気になります。ミーティング中に、変に忖度《そんたく》せず、お互い本音でぶつかったからこそ、そうなるのでしょう。

本音でぶつかるというのは、お互いが本気であるという証拠でもあります。摩擦がないのは、善きにつけ悪しきにつけ、あなたが人に何の刺激も与えていないということなのです。そして、お互いが深く理解し合おうとしていないことでもあるのです。

たとえ意見が違っても、本音で、本気でぶつかるからこそ、わかりあえます。それでもし、嫌われたり、疎まれたりしたら、それはあなたが悪かったわけではなく、ただ単に「組み合わせが悪かった」と思って、淡々とそれを受け入れればいいのです。

これまでお互いが本音で話さず、忖度し合っていた環境では、本音でぶつかることによって、その場に激震が走るようなことが起こるかもしれません。そんな時はいっそ、「トラブルメーカーになってみる」ぐらいの思いで臨む姿勢が必要でしょう。ここまでお話ししてきたように、それぐらいで丁度いいというのが実際のところなので、少しだけ勇気を持ってやってみることをオススメします。

「本当の自分を出し、言いたいことを言う」

このことを習慣にすると、近しい人との関係性がよくなるというメリットもあります。

人との摩擦を避けて生きている人に多いのは、他で我慢している分、妻や夫、親、兄弟など、身近な人に対して、知らず知らずのうちに必要以上に強く当たってしまい、思わしくない関係性を作ってしまっていることです。

本人は認識していなくても、他の人たちに対して抑え込んでいるものが、遠慮のいらない身近な人たちに対してつい出てしまい、こんなことが起こるのです。

「本当の自分を出し、言いたいことを言う」ようになると、抑え込むことが少なくなるので、身近な人たちに対して強く当たることも少なくなっていきます。そして、自ずと関係性はよくなっていくというワケです。

思い当たる方は、身近な人たちに、知らず知らずのうちにあなたの「とばっちり」を日々食らわせていることを認識してください。そうすることで、あなたの変化へのモチベーションも上がっていくのではないでしょうか。

その7

ネガティブな意見に感謝する

損《ソン》

ネガティブな意見をそのまま
「ネガティブ」に捉える

得《トク》

ネガティブな意見を
「得した」と思ってみる

あなたのあるある度スケーリング

0 1 2 3 4 5 6 7 8 9 10

＊損なことをまったくしていない=0、時々している=5、いつもしている=10

＊当てはまるところを塗りつぶしてください

ネガティブな意見の受け取り方

人付き合いの中で、つらいことの1つに、ネガティブなことを言われることがあるでしょう。

親子や兄弟、親友など、あなたとの関係が近い人からほど、ネガティブな意見を言われやすくなります。これは、関係が近い人ほど、あなたへ遠慮をしなくてよい分、思ったことをストレートにぶつけてくれるからです。

近しい人からだけでなく、会社の上司や同僚、顧客、またSNSなどを通して、まったく知らない赤の他人からもネガティブな意見を受ける可能性もあります。

ネガティブな意見を受けると、どうしても気分が悪くなったり、落ち込んだりします。さらには、人間関係が悪くなる場合もあります。

さて、あなたはネガティブな意見を受けた時、どのような反応をしているでしょょうか？

ネガティブな意見をそのままネガティブに捉えてしまうと、受けるショックや怒りも大きく、エネルギーの喪失も大きくなります。


ここで重要な点は、「どんな意見も、発している側の意図と受け取る側の解釈には違いがある」ということです。

あなたのために、あえて率直にネガティブな表現をしているのに、受け手であるあなたが、全否定の解釈をしてしまい、ちゃんと事実確認もしていないのに決めつけてしまうことが、関係性の悪化につながったりします。

ネガティブに受け取れる言葉を受けた時は、感情に振り回されず、ちゃんと話をしてみると、「なあんだ、そういう風に考えてくれていたのね」と、いとも簡単にわだかまりが解けたりします。


また、相手の意図が本当にネガティブな場合もあるかもしれません。そのような場合でも、こちらの受け取りようで、結果に大きな違いが生まれます。だから、どんな言葉でも、得な受け取り方の習慣をつけてしまおうというのがここでの提案です。

得な受け取り方とは、こちらの心の状態が乱されない、そして内的なパワーを失いにくい受け取り方をすることです。そして、それだけに留まらず、ネガティブな意見を受けた結果、こちらの利益になるような受け取り方です。

黄金のフィードバック

私がコーチングをはじめた時、１００人に対してコーチングをするという実践トレーニング課題がありました。

コーチング後、受講者にコーチングを受けた感想をフィードバックシートに書き込んでもらうのですが、最初の20人ぐらいまでは、ネガティブで厳しいフィードバックがたくさんありました。それらを読むと、正直、気持ちがどんよりとします。

だから、フィードバックシートを読み終わったあとに、こう思うことにしました。

「まだ駆け出しだから、しょうがない。自分がダメなのではなく、自分の技術と経験が足りないからそうなるのは当たり前だよね。コーチングを受けてくれて、ありがとうございます。ネガティブな意見をありがとうございます」

無理して、「ネガティブな意見をありがとうございます」と思っていたわけではありません。相手からすれば、フィードバックを頼まれたので、受けた体験について、正直な感想を言っただけ。それがたまたま私にとってネガティブなことだったということ。

だから、「意見をくれてありがとう」なのです。

そして、明確になったネガティブなことを改善すれば、評価や相手の満足度も上がることが見えていたので、必要以上に私がネガティブになることはないというワケです。

たとえば、「せっかく気づきが得られそうな感じがあったのに、この時のこの質

問で、その感じが途切れた」と言われたら、

「そんな質問をして、まだまだ自分はダメだなあ」

「質問のセンスがないのかなあ」

など、ネガティブに捉えてショックを受けるのではなく、

「ありがとうございます。たとえばどんな質問をしたらよかったと思いますか？」

とすかさず聞くようにしました。

すると、「そうですね。ここでは質問よりも、ただ待ってもらっていれば、何か気づきが出てきたかもしれません」など、回答をいただけるので、次からはそのパターンで対応してみることを続けました。

このようなことを繰り返して、ネガティブなフィードバックを受けたことを徹底的に改良していくと、今度は面白いようにうまくいく場面が出てきました。

今思うと、この最初の20人からいただいたネガティブなフィードバックは、初期の私を格段に成長させてくれました。

私はこれらを「黄金のフィードバック」と呼ぶようになりました。

30人を超える頃には、ネガティブなフィードバックをいただくことがほとんどなくなってきたので、それからは
「ポジティブなフィードバックをありがとうございます。お役に立てて嬉しいです。このコーチングをさらによくするために、まだまだ改良できそうなポイントをあえて挙げるとすれば、どんなことがありますか?」
と、勇気を持って、ネガティブなフィードバックを引き出すような質問を繰り返していました。

ポジティブなフィードバックは嬉しいし、気分やモチベーションも上がります。一方、ネガティブなフィードバックは、傷つく反面、捉えようと使いようによっては、大きく成長するヒントになるのです。ポジティブなフィードバックにはない、とても貴重なことです。

人からネガティブなことを言われた場合は、
「何かの改善や成長のチャンスがその言葉に潜んでいるかも」

「そこを何とかすればいいのか」

と捉えることができる回数が増えて得だと考えましょう。

そして、ポジティブに捉える回数を少しずつでも増やしていけると、人との関係も自然に波立たなくなっていきます。

建前でポジティブなことを言う人よりも、本音でネガティブなことを言ってくれる人のほうが、実際はありがたい人だったりするのです。

どんな言葉もポジティブに捉えることを意識して繰り返すことで、やがてネガティブをポジティブに、そして成長の糧へと変換していく達人になっていくのです。

卑怯者を卒業しよう

得《トク》

人を勇気づける

損《ソン》

人の勇気くじきをする

あなたのあるある度スケーリング

0 1 2 3 4 5 6 7 8 9 10

＊損なことをまったくしていない=0、時々している=5、いつもしている=10

＊当てはまるところを塗りつぶしてください

勇気くじきは卑怯な行為

Chapter1の「自分虐待」（18ページ参照）の話の中に出てきた「なぜできないんだ」「なんてダメなんだ」「どうせ才能がないんだ」というような言葉は、人からは決してかけられたくない言葉なのではないでしょうか。

こういった次に進もうとする勇気がくじかれる言葉を、アドラー心理学では、〈勇気くじき〉の言葉、その反対を〈勇気づけ〉の言葉と言います。

あなたが、ちょっと自信をなくしていて、行動を躊躇《ちゅうちょ》している時、どんな言葉をかけてもらうと、前に進む勇気が湧くでしょうか？

失敗を経験したあと、再チャレンジする時、かけてもらいたい言葉はどんな言葉でしょうか？

あなたが欲したそれらが、〈勇気づけ〉の言葉です。


では、もう1つ質問です。

あなたは、普段人に対してどれくらい、〈勇気づけ〉をしているでしょうか？

反対に、〈勇気くじき〉をどれくらいしてしまっているでしょうか？

〈勇気づけ〉が10回に1回に対して、〈勇気くじき〉が10回に3回など、様々でしょう。


人に対して、〈勇気くじき〉をしている回数が多かった方は、自分虐待をやめられていないのではないでしょうか？

自分虐待を頻繁にしている人のほうが、人の勇気をくじく傾向が強いのです。

自分の勇気をくじき、人の勇気をもくじく、こんな行動ばかりしていて、得する人は誰もいませんね。

〈勇気くじき〉と〈勇気づけ〉

勇気くじき	勇気づけ
●相手が前に進もうとする勇気を削ぐ	●相手が前に進もうとする勇気を高める
●相手の未来への活力を奪う	●相手の未来への活力を高める
●自分を虐待している人に多く見られる傾向	●自分を応援している人に多く見られる傾向
●人間関係が悪くなる	●人間関係が良くなる

子どもに対して、「あなたには無理」とか、部下や同僚に対して「ダメだなあ」などと、つい言ってしまうのも、〈勇気くじき〉です。

他人からの何気ない〈勇気くじき〉の言葉で、人はひどく落ち込んだり、エネルギーをなくしてしまったりします。あなたが〈勇気くじき〉の言葉を発した時、相手の未来への活力を弱める〈勇気くじき〉の人になってしまっているのです。

自分の子どもに立派な人間になってほしいと願いながら、実際は、そうなるためのエネルギーを奪っている。

リーダーとして、チームの業績を高めたいと思っていながら、大切なメンバーの活力を奪い、業績を上げるのとは真反対の行動をとっている。

これらは、端から見ると、かなり残念な行動ですね。

こういうことをしていて、自分が親として適切な対応をしているとか、リーダーや上司として然るべき指導をしているとか主張するのは、かなりの無理があるでしょう。

〈勇気くじき〉を相手の活力を弱めるために、意図的に使う人もいます。

たとえば、嫉妬を感じる相手に〈勇気くじき〉を行い、相手を貶《おとし》めて、少しでも自分が優位に立とうする。これって、人として器の小さい、とても卑怯な行為です。

卑怯な行為をして望む結果を得ても、卑怯な行為をしたことを自分でわかっているわけですから、そんな自分を受け入れて承認することはできません。仮に意識で承認できているような気になっていても、潜在意識レベルや人間の性《さが》がそれを許さないのです。

また、卑怯な行為を続けていると、自ずと人から好意を持たれる確率もどんどん低くなっていきます。人は自分に対して勇気くじきをしてくる人を当然好きにはならないですし、自分に対してではなくても人の勇気くじきをしているような人に好意を持つことも極めて稀でしょう。

卑怯者でいることは、様々な場面でとても損な生き方なのです。

勇気づけの人になる

損なことをやめるには、〈勇気くじき〉をしている自分に気づくことです。

他人に〈勇気くじき〉をしている自分に気づくためには、まずは、自分への〈勇気くじき〉をしている自分（自分虐待）に気づき、それをやめること。

次は、人に対して〈勇気くじき〉をしている自分に気づき、「どうする？　続ける？」と問いかけてみることです。

「このまま卑怯者でい続ける？」と問いかけてもいいかもしれません。

気づくためには、

「今しているのは、〈勇気づけ〉のコミュニケーション？　それとも、〈勇気くじき〉のコミュニケーション？」

と自分に聞いてみることが有効です。そして、どちらを増やしていくのかを判断してください。

〈勇気づけ〉の根本は、承認にあります。

承認は、相手が今できていることを承認することに加えて、たとえ今できていなくても、その未来の能力、つまり相手の可能性を承認することでもあります。

相手の勇気をくじく言葉を使うよりも、相手を勇気づける言葉を使ったほうが、相手の可能性を引き出すこともでき、「勇気くじきの（卑怯な）人」ではなく、「勇気づけの（素敵な）人」になっていけるのです。

さらに、相手を〈勇気づけ〉した自分に、「いいね！」を出してあげると、自己肯定感のアップにも効果的なのでオススメです。

私の経験でも、〈勇気づけ〉のコミュニケーションの割合を増やしていくと、人間関係は驚くほど好転していきます。これは、間違いなくあなたのため、得になることなのです。

Column 02

子どもに対する言葉の虐待は、脳にダメージを与える

〈勇気くじき〉の言葉は、暴力であり、虐待にもつながります。

福井大学とハーバード大学の共同研究によると、親から暴言による虐待を受け続けた子どもは、大脳皮質の側頭葉にある「聴覚野」(図3右)の一部に顕著な変化が起こり、聴覚に障害が生じるだけでなく、知能や理解力の発達にも悪影響が生じることが報告されています。

同研究によると、体罰など身体的な虐待は、感情や思考をコントロールし、犯罪抑制力にかかわっている前頭前野の一部である「右前頭前野内側部」(図3左)に影響が出ることもわかっています。

図3　暴言による虐待と身体的な虐待によって悪影響を受ける脳部位

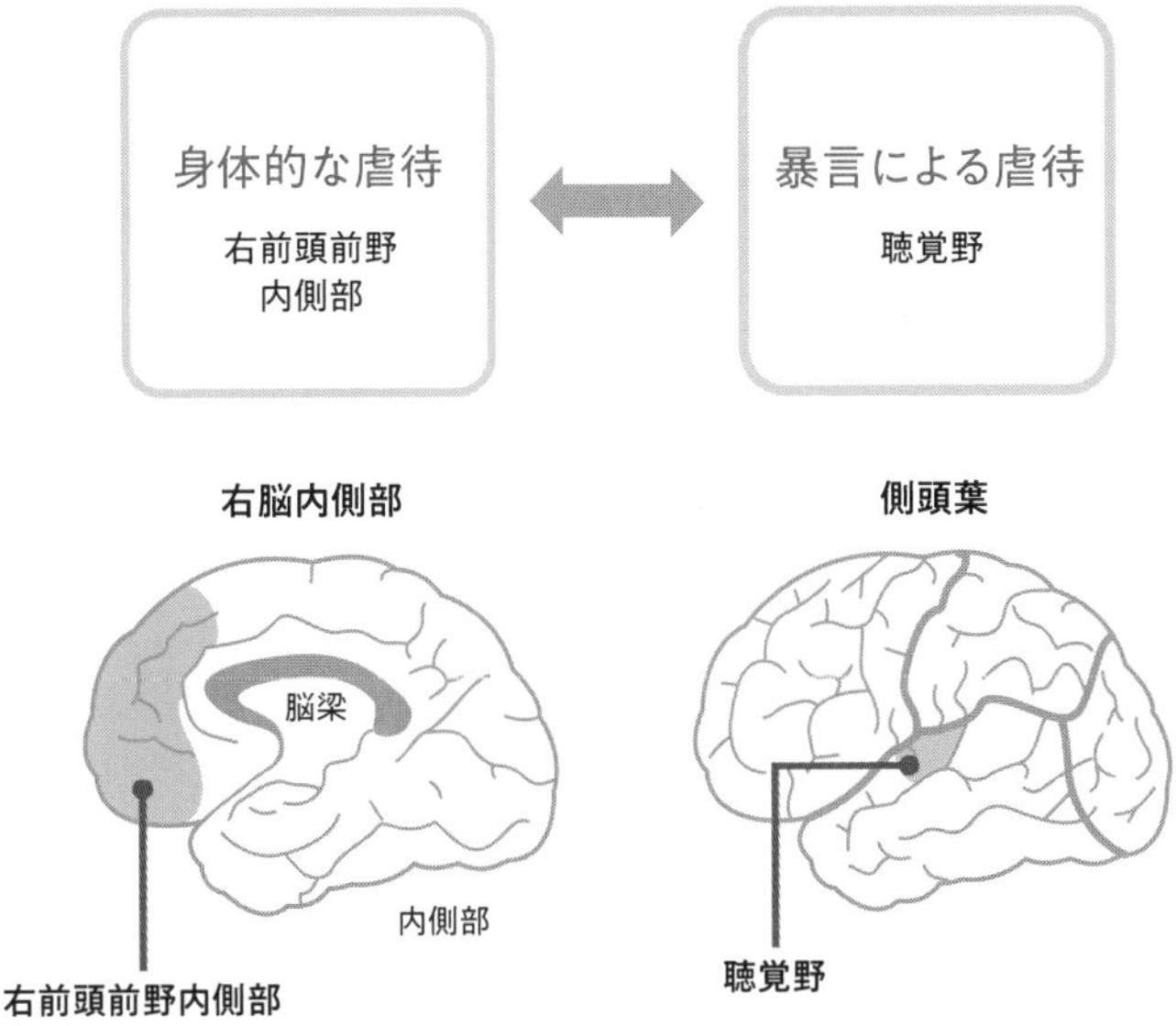

ここで注目すべきは、暴言による虐待が脳へ与えるダメージは、身体的な虐待以上のインパクトがあるということです。言葉による暴力は、身体への暴力よりさらに恐ろしいというわけです。

それだけ子どもにかける言葉は大事であり、叱り方や教育の仕方も考える必要があるということです。

子育ては非常に大変ですし、怒らなくてはいけないこともありますが、〈勇気くじき〉の言葉を使わないように気をつけましょう。

Chapter 3

仕事のやり方での「損」をやめる

AIに負けない

得《トク》

自分の本質を生かす仕事をする

損《ソン》

AI的な仕事をする

あなたのあるある度スケーリング

0 1 2 3 4 5 6 7 8 9 10

＊損なことをまったくしていない=0、時々している=5、
いつもしている=10

＊当てはまるところを塗りつぶしてください

AI的な訓練

「将来、AIによって、現在ある仕事の多くが取って代わられる」という話をよく耳にするようになりました。それは起こりうることですし、実際にその動きはもうすでにはじまっています。

テクノロジーの発展により、仕事の様《さま》が変わることは、これまで何度も起こってきました。インターネットがまだあまり普及していなかった25年前、パソコンを仕事で使うことが当たり前になるといった大きな変化が起こり、現代があります。人々はこうした変化に随時対応してきましたが、AIによる変化は、よりインパクトの大きなものになるのでしょう。

しかし、むやみに心配せず、次のことを自分に問いかけてみましょう。

現在、どのくらいＡＩ的な仕事をしている？

そして、これから、それらをどのように変えていこうと思っている？

ＡＩ的な仕事とは、

「インプット↓プログラミング処理↓アウトプット」

の流れの中で、期待される結果（アウトプット）を出す仕事。

いわゆる、マニュアル作業のような仕事のことです。

「手順を理解し、実行すればできること」であり、「人よりＡＩのほうがずっと正確に、ずっと速く、大量にこなせる仕事」ともいえます。


先述した2つの問いかけに明確に答えられない状態が続けば、ＡＩをただ忍び寄る脅威のように恐れなければなりません。

しかし、これらの問いに答えられるようになれば、ＡＩを怖がることもなくなるのです。

これまで、私たちは、教育の中で、「この方程式にこれを当てはめれば、この答えが得られる」といったように、「1つの正解」を求めることの正確さを競い合わされてきました。

しかし、仕事に答えはありません。そのため、

「これをやれば、確実に成績が上がる」

「これをやれば確実にテストで高得点が取れる」

という、まさにマニュアル的な成功を収めてきた人が、社会に出ると、マニュアル通りではうまくいかなくなる現実にぶち当たります。

自分が変わらなければ、仕事はうまくいかないのです。

いつまでも、**「インプット→プログラミング処理→アウトプット」**のAI的な仕事ばかりしていると、あなたの仕事の領域は急速にAIに取って代わられていきます。

それを阻止するためには、AI的な思考を「捨てる勇気」が必要です。

WANTモードに自分を入れる

自分が変わるということは、今まで頼りにしていたり、しがみついていたものをやめたり、捨てることでも起きます。

たとえば、最終学歴の課程を終え、「学校に行ってさえいればいい」という立場を失うと、ビジネスパーソンになるという大きな変化がはじまります。

これは、半ば強制的に変化を起こす方法ですが、ビジネスパーソンになったら、今度は社会やシステムに対応して、

「何を捨て、何を得ていけばいいのか？」

「どう戦略的に変化するのか？」

を自分で考える必要が出てきます。

では、どのように変わればいいのでしょうか？

今やっている仕事の多くが、ＡＩ的な仕事であったとしても、これらをいきなり全部やめてしまうこと、ましてや、いきなり会社を辞めるというのは得策だとは思えません。

まずは、今の仕事の中で、好きで情熱を持てそうなものの小さな種を探し、それをやってみる。そして、芽が出そうだったら、他のことに費やしていた時間を減らして、それに取り組む時間を徐々に増やして様子を見るのがよいと思います。

また、今の仕事とはまったく関係ないものでも、あなたが心から興味のあるものは、１度継続的にやってみる。たとえ最初の時点で、そのことでちゃんと稼げる見込みがなくても、また、人の役に立つかどうかわからないことでも、あなたが楽しいと思うことや情熱を傾けられることに無心で取り組んでみることです。

つまり、あなたが「ＷＡＮＴモード（やりたいモード）」でできることは何かを探すのです。

自分を変える時に、多くの人がやりがちなことは、

「△△の資格がこれから活きそうだから取ってみる」

「○○がトレンドになりそうだから、乗ってみる」

「◎◎の業界が儲かりそうだから、転職してみる」

など、周りの変化だけに対応しようとすることです。


しかし、大事なことは、自分の本質を活かすために、好きだと思えることや心から情熱を持てることをすることです。

いくらトレンドになりそうでも、儲かりそうでも、資格として活きそうでも、やっていて楽しさや情熱を感じないものならば、いくら力を注いだとしても、先を見据えたらそれでＡＩ的な仕事のレベルを超えることは難しいでしょう。

ＡＩに取って代わられないためには、あなたが「ＷＡＮＴモード」でできることを見つけ、それを仕事にするのがオススメです。

自分を失っている人と自分の好きなことをしている人

平凡転じて非凡となる

得《トク》

仕事の基本を真剣にやる

損《ソン》

仕事の基本を適当にやる

あなたのあるある度スケーリング

0 1 2 3 4 5 6 7 8 9 10

＊損なことをまったくしていない=0、時々している=5、
いつもしている=10

＊当てはまるところを塗りつぶしてください

一流の仕事は基本の積み重ね

何事にも、基本や基礎があります。

音楽やスポーツ、もちろん仕事にもあります。

なぜ、基本や基礎を最初にするのか?

多くの人が、基本や基礎を「簡単なこと」と勘違いしていますが、そうではありません。

基本や基礎が、「最も重要なこと」だからです。どんな習い事も、最も重要なことをスタートしやすいレベルにアレンジして、基本コースや基礎コースにしています。


私は、これまでキャリアやエグゼクティブコーチの経験から、数多くの一流の人を見てきました(中には世間的にも高名な方、超一流レベルの方もいます)。

彼らに共通するのは、「基本を怠《おこた》らない」ことです。

彼らの姿からは、「一流の仕事というのは、基本の積み上げによって成り立つ」ということを痛感させられ続けています。

もちろん、才能やセンスがあるからこそ一流になれるという点もありますが、いくら才能やセンスがあっても、基本を怠る人は継続してクオリティの高いものを提供する一流の仕事はできません。

出汁《だし》をきちんと取れない一流の日本料理人はいませんし、プロ野球で首位打者・最多打点・最多本塁打のどれかのタイトルを取るバッターは、普段から人一倍素振りをしていたり、ランニングなどで足腰を鍛えています。


基礎ばっかりやらされているからといって、

「こんなこと、私がする仕事ではない」

「こんなことをしている場合ではない」

と言いながら、目の前にある仕事を適当にこなしてばかりいる人は、仕事の基本を怠り、そういったレベルの仕事でさえ、いつまでも本質をつかめないままです。

つまらないと感じる仕事でも、基本を怠らず、真剣にやれば仕事の本質が見えてくるのです。

顧客への販売データを集計する作業であっても、データを集計している間に、数字から見えてくる顧客の反応を察知したり、さらに喜んでもらえる改善案が浮かんできたりします。

このように基本を大事にすることによって、仕事のレベルアップが図れるのです。

誰だって、つまらないと感じる仕事ばかりやっていたくはないはずです。

仮に、今取り組んでいる仕事のほとんどが面白いと感じない仕事だとしても、それらをやらないで済むようになるには、真剣に取り組み、キラッと輝くような仕事をすることです。

そうすることで、次のステップに進める時間が圧倒的に早くなります。

数多《あまた》いる日本の戦国武将の中でも、百姓の身分から出発して天下統一を達成したのは、豊臣秀吉だけです。

織田信長や徳川家康をはじめとする、領主の子息であった戦国武将たちと違い、豊臣秀吉は、最下層の身分からスタートするしかありませんでした。

最下層の仕事であるぞうり取りも、

「こんなこと俺がする仕事じゃない」

「こんなことをしていても天下は取れない」

とは、おそらく思っていなかったでしょう。

おそらく秀吉は、

「この一つひとつが天下につながる」

と思って、ぞうり取りも、馬の世話当番も、炊事当番も、任された仕事すべてに真剣に取り組んだのだと思います。部隊のリーダーを任されれば、これまた真剣に全力で取り組み、一国一城の主として、城を任された時も、全力でその仕事に取り組んだ。だから、やがて頂点の覇権を握るに至ったのでしょう。

「今よりよくなろう」という意識

「こんなことを成し遂げたい」
「こんな自分になりたい」
とビジョンを持つことは大切なことです。
ただし、そのビジョンと今の自分とのギャップを嘆いたり、現状の不満ばかり言っていたりするのは、あまり建設的ではありません。

ここで、イチロー（鈴木一朗）さんのこの言葉を引用したいと思います。

「小さなことを積み重ねるのが、とんでもないところへ行くただひとつの道」

多くの人は、遠くばかりを見ていて、肝心な足元がおぼつかないという状態になっています。すぐに成果を求め、手っ取り早くうまくいきそうなやり方に何かと手を出してはやめ、また別の方法に手を出してはやめということを繰り返してしまうのです。

これは、ダイエットや運動などを習慣化できないのと同じパターンです。

どんなに偉大な人でも、一足飛びに偉大になれたわけではありません。基本を大切にし、1歩1歩真剣に前進する人が望むべき未来を創ります。そのためには、基本的なこと、小さなことを丁寧にやり続けることが肝心です。

イチロー（鈴木一朗）さんが、「こんなことやっている場合じゃない」「面倒くさい」と言いながら、準備運動やルーティンなどを雑にこなしている姿を想像できるでしょうか？

小さなことを含め、一つひとつのことを常にど真剣にやってきたからこそ、誰も到達できないようなとんでもない高みに至ることができたのだと思います。

一見、平凡に見えることも、徹底的に繰り返すことによって、非凡となるのです。

たとえば、ゴルフの練習にしても、「1回の練習で200球以上を打つこと」を目標に頑張って繰り返しているだけでは、なかなかうまくなれません。基礎を無視した自分なりの方法で球を打ち続けることで、下手なスウィングを固めてしまうことにもなりかねないのです。

「どれだけ打つか？」ではなく、「1球1球をどう打つか？」が肝心なのです。

「いくら頑張っても結果が出ない人は、まちがいなく、〝今よりよくなろう〟という意識が欠けている」と、ラグビーの日本代表チームのヘッドコーチを務めたエディー・ジョーンズは言います。

肝心なのは、「今よりよくなろう」という意識からくる創意工夫です。創意工夫をするためには、やっていることへの客観的な観察からくる気づきと発見、そして、それらをもとにしたPDCA[*5]が必要なのです。

たとえば、ぞうり取りをやるにしても、

＊5　ＰＤＣＡ……Plan（計画）→Do（実行）→Check（評価）→Action（改善）のサイクルを繰り返し行うことで、継続的な業務の改善を促す技法のこと。

何事にも創意工夫を凝らす

「どのタイミングでぞうりを出すのが、相手にとっていちばん心地よいか？」「どんな声がけをするのが最良か？」などを考え、「今よりよくなろう」と常に創意工夫、そして実験と進化を繰り返す人は、「ぞうり取りなど、私がやる仕事ではない」と思いながら、ただボーッとぞうり取りをこなしている人とはやがて雲泥の差がついていくのです。

また、1日の仕事の振り返りをする習慣も、結果を出すためには非常に大切です。振り返りをし、うまくいったこと、いかなかったこと、創意工夫をしたことなどをメモに残しておくことで、記憶が定着するだけでなく、そこで新たなアイデアが出てくる場合もあります。

ＨＥＣ経営大学院のジアーダ・ディ・ステファノらが、コールセンターを対象に行った調査では、１日の終わりに、その日に得た教訓の振り返りを15分間することによって、しなかった場合と比べて10日後のパフォーマンスが23％も高いという結果が出ています。

業務日誌を書くという仕事の基本１つとっても、やらされているから書くのでなく、適当に書いて済ませるものでもなく、「あなた自身の進化のためにある」のです。

基本や基礎は、平凡に見えますが、それらを大切にすることで、誰にもまねできない非凡な存在になることができるようになるのです。

その11

スケジュール帳をガラガラにする

得《トク》

スケジュール帳に、空間をたくさん作る

損《ソン》

スケジュール帳に、目一杯予定を入れ、そのことに安心する

あなたのあるある度スケーリング

0 1 2 3 4 5 6 7 8 9 10

＊損なことをまったくしていない=0、時々している=5、いつもしている=10

＊当てはまるところを塗りつぶしてください

「忙しい」はカッコいい？

私のキャリアのスタートは、広告会社からでした。当時もてはやされていた「アドマン」という響きに憧れて、理系だった私は、文系の人が多い広告業界へと飛び込んだのです。

この業界では、とにかく「忙しい」がカッコいいこととされていました。ほぼ全員が、毎日残業し、終電での帰宅は当たり前。飲み会も毎日入っている。朝の3時、4時まで飲んで、タクシーで家に帰って3時間ぐらい寝てから出社するということも少なくない、今では考えられない生活を送っていました。

20代の頃は、こんな生活を当たり前と割り切っていたわけですが、今考えれば、当時の私が周りの価値観に流され、主体性に欠けていたことは否めません。その後、30代で入った外資系企業では、残業手当という概念はなく、

「残業している＝時間内に仕事を終えられない＝仕事ができない」

というまったく逆の考え方がありました。

ここで働くうちに、私の時間についての概念や価値観が大きく変わっていきました。そして、そもそも「忙しい」というのは、恥ずかしい言葉であると感じるようになりました。

かつては、「忙しい＝有能な証拠」という価値観の中で生きていましたが、本当は、「忙しい＝余裕がない状態＝自由を失っている状態」であることに気づいたのです。それ以来、「忙しい」という言葉をできるだけ口にしないようにしています。

一流の仕事をしている人を観察していると、皆どこか余裕のある雰囲気を醸し出しています。それは、自己信頼[*6]からくる余裕でもあり、実際に時間的な余裕を持って動いているからでもあります。彼らは、ものすごい量の仕事をしたり、すごいチャレンジをしているので、時間的に忙しいはずですが、仕事が速く、時間やスケジュールをコントロールできているので、気持ちに余裕があるのです。

「何をして、何をしないか」を明確にすることで、私たちも彼らに近づくことができます。

特に、忙しくて余裕のない人は、この「何をしないか」について、ちゃんと考えられていないから、忙しくなってしまうのです。スケジュール帳に予定を詰め込むことによって、「仕事をしている気」になったり、「人から求められる人でありたい」という欲求を満たすことによって安心したいのです。そして気がつくと、しなくてもいいことをしていたり、重要度の低い仕事の割合が多くなってしまい、「忙しい、忙しい」とのたうちまわることになるのです。

これは、戦略的に生きていないということでもありますし、「忙しい、忙しい」と周りに伝えるのは、「私は無能ですよ」と自分で自分の評価を落としているのに

＊6 自己信頼……現在の自己、将来の自己に対して、信頼と希望を持っていること。

等しいのです。

仕事は戦略的に取り組む

仕事に忙殺されないためには、仕事の量をコントロールし、仕事の効率を上げていくための戦略を練る必要があります。

そのためにはまず、「何をしないか」を考えます。

重要度の低い仕事の断捨離をするのです。

具体的な方法は、付箋1枚につき現在行っている仕事1つを書き出し、その付箋に重要度を書き込みます。この時、重要度は、1から10で表します。10は「これをしないと全体に影響する仕事」、1は「やらなくても全体への影響がほとんどない仕事」です。

図4　時間管理のマトリックス

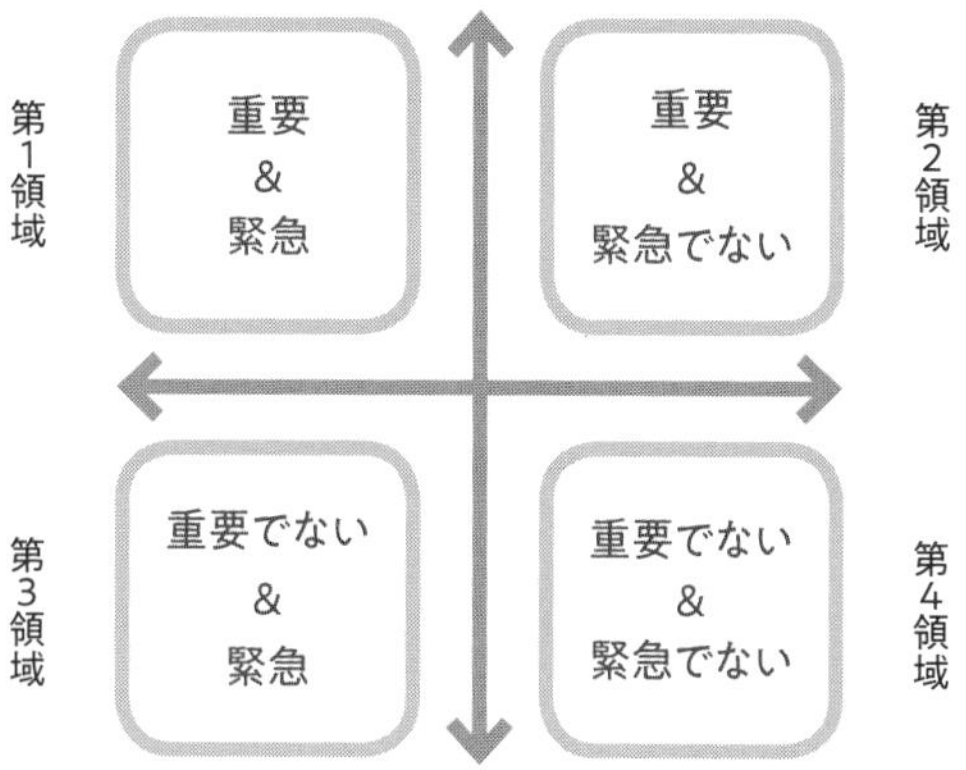

次に、緊急度を1から10で表します。
10は「何が何でも今すぐすべき仕事」、1は「数ヶ月先にはじめてもなんとかなる仕事」です。
付箋への書き込みが終わったら、図4のような図を作ります。これは、仕事の重要度と緊急度を1から10で表したマトリックス図で[*7]、「重要&緊急」を第1領域、「重要&緊急でない」を第2領域、「重要でない&緊急」を第3領域、「重要でない&緊急でない」を第4領域とします。

＊7 『7つの習慣』（キングベアー出版）の第3習慣にある、「時間管理のマトリックス」の応用です。

この図に、さきほどの付箋を、それぞれの重要度と緊急度が交差する位置に貼っていきます。

貼った時に違和感があったら、付箋に書いた点数にこだわらず、納得するまで付箋の位置を移動してみてください。そこが、本来のその仕事の「重要度&緊急度」になります。

もし、あなたの口グセが、「忙しい」の場合、図5のように特に第1領域と第3領域に付箋が集中していないでしょうか？

重要でない会議への出席など、意に反して第3領域に付箋がたくさん並んでいることにも気がつくかもしれません。

さらに、第2領域にある付箋の仕事は、ほとんど手がつけられていない状態ではないでしょうか？

いつまで経ってもこの状態が変わらないから、常に忙しいのです。

一方、一流の人は、重要度と緊急度の高い仕事を優先し、重要度も緊急度も低い仕事は、断捨離するため、図6のようにマトリックス図の第2領域に集中します。

図5　ただ忙しそうにしている人のマトリックス

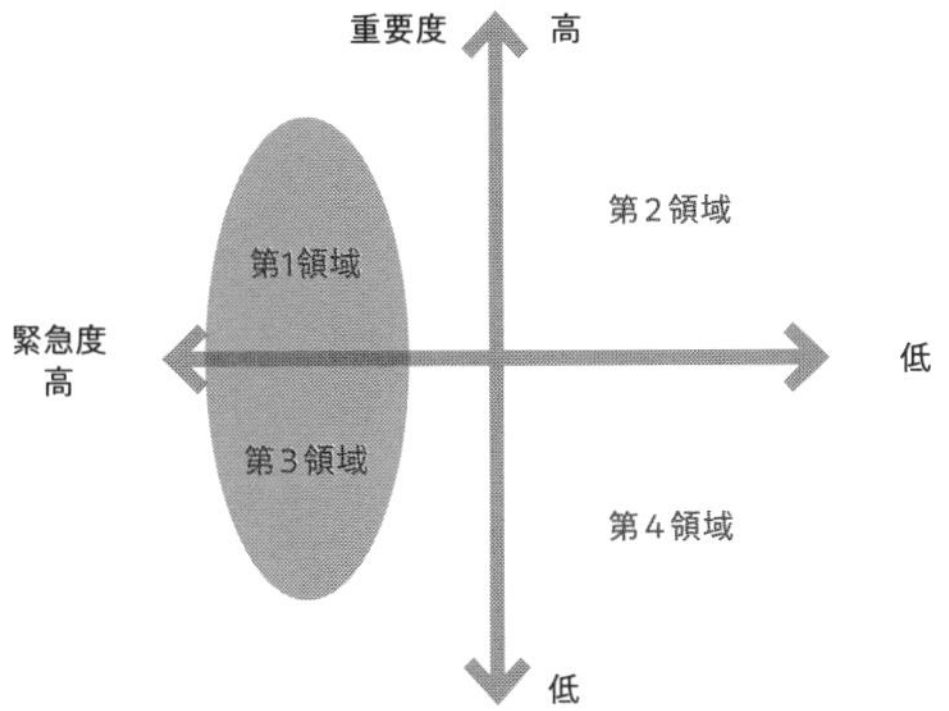

図6　効果効率的に仕事をしている人のマトリックス

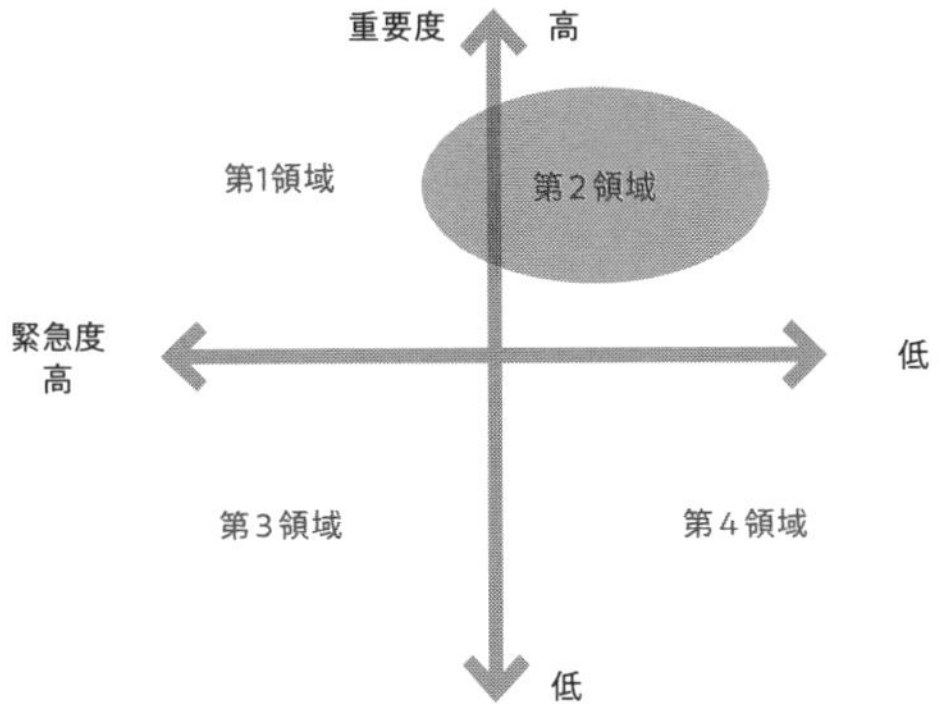

そして、第1領域や第3領域、第4領域にはあまり付箋がつきません。

なぜなら、「重要&緊急でない」第2領域の仕事をどんどん進めるので、「重要&緊急」である第1領域の仕事があまり発生しないのです。

そして、「重要でない&緊急」である第3領域の仕事を戦略的に断捨離するので、常に余裕を持って仕事ができるのです。

このような状態であれば、第1領域の仕事が発生した場合も、その一つひとつに集中力を持って臨めるのです。

休息の取り方で、仕事が変わる

さらに、休息の時間も大切です。

ゴールデンウィークや夏休みなど、長期休みの時、あなたはどのように過ごしていますか？

多くの人は、遊園地で遊んだり、海外旅行や国内旅行で観光地巡りをしたり、スポーツをしたり、といったところでしょうか。海外旅行へ行っても、「この時間は、どこどこで何々をして……」と言いながら、ボーっとしていたら時間がもったいないとばかりに、忙しく動き回り、息抜きやリラックスをしたいと思って旅行をしているのに、結局は疲れて帰ってくる。

忙しく動き回る休日は、OFFの時間ではなく、実はONの時間の延長なのです。

本当の休息とは、「何もせず、ボーっとすること」です。

特に重要なのは、思考に休んでもらうことです。そのために、ボーっとするのが一番なのです。

海外のリゾート地などへ行くと、プールサイドのデッキチェアに寝そべりながら、1日中ずっと寝ていたり、小説などを読んでいる人がいます。

「せっかくリゾートに来ているのに、そんなことばかりしていたらもったいない」と、思うかもしれませんが、これはちゃんとした休息の取り方なのです。

欧米企業の経営幹部や重役に就く人たちは、夏休みであれば1ヶ月くらいの休み

仕事とレジャーと休息の関係

を取ってリゾート地へ行き、その間ホテルの敷地をほとんど出ることなく、ボーっとして過ごします。

忙しく遊び回ることが目的ではなく、仕事の時に人一倍回し続けている思考を止め、ボーっとするために生活している場所を離れることで、脳に休息を与えることが目的です。彼らはこれが本当のOFFの時間となることを知っているのです。

OFFの時間をしっかり取ることによって、ONの時間が充実します。

さらに、OFFの時間で脳に十分な休息を与えることにより、忙しく思考を回している時には出てこない発想やアイデアが出てきやすくなるのです。

年に数回の長期休暇だけでは、ＯＮとＯＦＦのバランスが釣り合わないので、日常生活の中でもＯＦＦの時間を意識的に作るとよいでしょう。

休息は、ボーっとして思考に休んでもらうことなので、家や近所の公園などでもできます。公園を散歩したり、家で瞑想をしたり、ストレッチをして汗を流すのもオススメです。

ぜひ、日頃からＯＦＦの時間を取り入れてみてください。

「何でも屋」にならない

損《ソン》

上司からの依頼は何でも受ける

得《トク》

依頼を受けるかは「やりたい意欲」から判断する

あなたのあるある度スケーリング

0 1 2 3 4 5 6 7 8 9 10

＊損なことをまったくしていない=0、時々している=5、いつもしている=10

＊当てはまるところを塗りつぶしてください

何でも屋になることの危険性

忙しくてたまらない時に、ふと自分がやっていることを冷静に見てみると、指示されたことや重要度の低いことばかりで埋め尽くされていて、自分が起点となってはじめた仕事や自分が情熱を込められる仕事の割合が、ほとんどなかったりする場合があります。

人間誰しも、「評価されたい」という気持ちがあると思いますが、新入社員や見習い期間ならまだしも、何年も働いているビジネスパーソンがこんな状態では、上司から見ても、同僚から見ても評価に値するものがなかなか見出されません。

なぜ、このような状態になってしまうのでしょうか？

その大きな要因に、上司からの依頼の仕事を何でも受けてしまう習慣があります。

「上司からの依頼だから仕方がないだろう」と言いたくなるのもわかりますが、「部下は上司からの依頼は、何でも受けなければいけない」というルールは、どこの会社にもありません。つい受けてしまうのは、ルールだからではなく、

「受けないと印象が悪い」

「受けないと仕事を回してもらえなくなる」

「受けないと評価に響く」

という心理が働くからです。

たしかに、断ると印象が悪くなったりするかもしれませんが、何でもかんでも受けることによって、とんでもない損をする可能性があるのです。

普段から依頼されたことをちゃんとやる

↓

信用ができる

↓

重要な仕事・やりたい仕事をやらせてもらえる

何でも屋

これは、確かだと思います。

しかし、「こいつは何でも受ける」と思われたら、何でも屋とみなされる危険性があります。

何でも受けていると、ひとつの仕事に割く時間が減ります。時間がない中、期限に間に合わせるようにすると、適当にこなすようになってしまいます。

こうなると、仕事の質が低くなるので、やがて重要度の低い仕事しか回ってこなくなります。

「よくやってくれる」とは思われても、本当の意味での高評価を受ける可能性をどんどん減らしてしまう羽目になるのです。これが常態化してしまうと、あなたのキャリアは、多くを期待できないものとなってしまうでしょう。もう損どころの話ではありません。

また、重要度の低い仕事でヘトヘトな状態が続くことによって、心の状態がどんどん低下していくこともあり得るのです。

現状を〝見える化〟する

なぜ、こんなことになってしまうのでしょうか？

それは、ちゃんとした「仕事の戦略」がないからです。

上司がどうこう言う前に、自分に戦略があれば、重要な仕事や重要でない仕事、やりたい仕事、やりたくない仕事が明確になっていきます。

ちなみに、ここでいう重要でない仕事とは、やっても「やって当たり前」という評価しかもらえない仕事のことです。

図7 意欲度のマトリックス

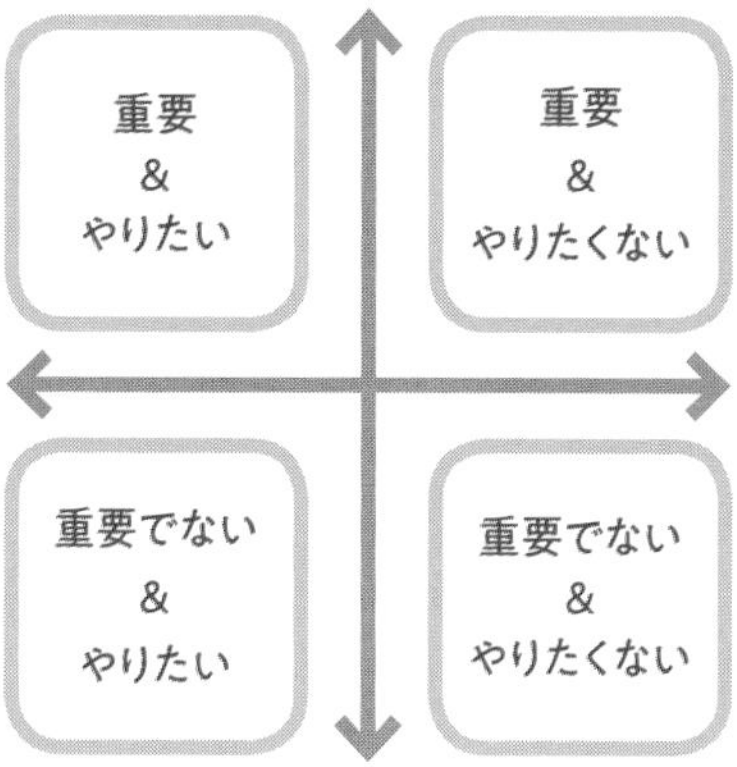

仕事の戦略とは、

「重要で自分がやりたい仕事をいかにやるか？」

を考え、それを実行していくことです。

「何でも屋」にならないために、あなたの仕事を見える化して把握しましょう。

まずは、その11（128ページ）で出てきたマトリックス図の緊急度を意欲度に変えた図を使います。

「重要－重要でない（重要度）」

「やりたい－やりたくない（意欲度）」

のマトリックス図（図7）に、今あ

なたがやっている仕事の一つひとつを書き出した付箋を貼っていきます。付箋には、重要度と意欲度それぞれの点数（1から10）とその仕事をするのに、仕事の時間の何%ぐらいを使っているかも書き込みます。

すると、「重要&やりたい」「重要&やりたくない」「重要でない&やりたい」「重要でない&やりたくない」それぞれに属する仕事に使っている時間の割合が見えてきます。

最初に減らすべきは、「重要でない&やりたくない」領域にある仕事です。効果的な戦略は、少なくともこの領域にある仕事を受けないことからはじまります。

仕事を引き受けない勇気

「重要でない&やりたくない」ゾーンにある仕事を受けないためには、〝断る勇気〟

を持つことが必要です。

断るためには、断る理由を明確にしておくことが肝心です。ただ、「やりたくありません」では、それこそ印象と評価を悪くしてしまいます。

「今、AとBの仕事を中心にしています。Aは先方に商品をご説明する資料作成の期限を抱えており、Bはお客様から追加の作業要請をいただく可能性が高い状態です。その仕事を受けてしまうと、この双方のクオリティに支障をきたす可能性があり、チーム全体にご迷惑をおかけすることにもなりかねません。申し訳ありませんが、しばらくはAとBに専念したいと思います」

というように、受けることができない理由を明確に伝えると、上司も納得しやすくなります。

このように明確に理由を伝えるためには、常にマトリックス図を意識しながら、「何を受けて、何を受けないか」の線引きを自分の中ではっきりさせておくとよいでしょう。そして、徐々に受ける基準の点数を上げていくのが戦略的な方法です。

重要度と意欲度が5点の仕事を引き受けたとしたら、まずはその仕事を高いクオリティに仕上げましょう。そして、受ける基準を6点以上、7点以上、8点以上と徐々に上げていくのです。すると、やがてあなたのマトリックス図は、「重要&やりたい」仕事で埋め尽くされていきます。


断ること自体に抵抗がある方もいらっしゃるでしょう。その場合は、

「一時の体裁のよさと、中長期的な大損を考えたらどちらを取る？」

と自分に聞いてみてください。

ここで「何でも屋」として受けてしまうと、結局は、今、自分が手掛けている重要な仕事であるAもBも部長から受けた仕事もすべてがそこそこのクオリティになり、仕事全体の評価が悪くなる可能性があるのです。


上司受けの良さが出世や成功につながる時代は終わりました。上司からの指示を待ったり、仕事を何でも受けるだけでは、望むキャリアを積むことはできません。

大事なことは、どんな会社でも通用する本当の実力を身につけることです。

重要度の低い仕事も高いクオリティでこなし、その段階をとっとと卒業することで、実力を磨く時間の割合を多くしていくことが、重要な仕事ややりたい仕事をするための近道なのです。

また、抱えている仕事に「重要&やりたくない」仕事があまりにも多い場合は、その職業自体があなたにフィットしていない可能性がありますので、違う道を探すために時間を使うことをオススメします。

その13

即答する

損《ソン》

人からの申し出に
すぐに答えられない

得《トク》

人からの申し出に
即答する

あなたのあるある度スケーリング

0 1 2 3 4 5 6 7 8 9 10

＊損なことをまったくしていない=0、時々している=5、
いつもしている=10

＊当てはまるところを塗りつぶしてください

レスポンスの早さが成功へのキー

あなたは、エレベーターで偶然上司と一緒になり、

「ところで、C地区とD地区の我が社のシェアの差は、どこから来ていると思う？」

と急に仕事についての質問をされたらどうしますか？


あたふたしながらフリーズしてしまいますか？

「えー調べて後ほどご報告いたします」と改めて報告の場を設けますか？

「理由はいくつかありますが、最もインパクトの強い要因は、◯◯◯です。なぜならば……」と、わかる範囲で即答しますか？


エレベーターに乗り合わせた際、ごく短い時間の中で、自分の言いたいことを相手にわかりやすく簡潔に伝える会話術のことを「エレベータートーク」といいます。

エレベータートークでの急な質問に対する反応

エレベーターの中なので、答える時間は、ほんの数秒、数十秒しかありません。その時間内でポイントをいかに的確に押さえて答えられるかが勝負です。

欧米では、このエレベータートークの出来具合が、出世への大きなポイントとも言われています。

では、あなたなら先に出てきた喩《たと》えの中で、どの対応をした人を出世させようと思うでしょうか？

フリーズした人？

後から報告する人？

即答した人？

おそらく、即答した人を選ぶのではないでしょうか？

即答には、次の2種類があります。

1つ目は、先ほどのエレベータートークのように、「A地区の売り上げ状況はどうだ？」「B社の新製品についてどう思う？」など、上司からの突然の質問に対し、すぐに答えたり、何らかの意見を言えることです。

これは、常に真剣に仕事をして、積極的に関連情報を集め、それらについて考察しているからこそできることです。この下地がある上で即答できる人は、相手に「こいつできる」と思わせることができます。

2つ目は、突然の依頼や申し入れ、お誘いに対してすぐに返事をすることです。

たとえば、「こういうコミュニティを作りたいんだけど、一緒にやらないか？」と知り合いから申し入れがあった時や、異業種他社から「こんなコラボレーションを御社とさせていただきたいのですが、いかがですか？」というオファーをいただいた時の返答のことです。

あなたが、一緒にコミュニティを作ろうと投げかける側だったら、相手から「面白いね。考えておくよ」と答えられるのと、「面白いね。それ乗った！　〇〇〇や△△△をするのも面白いんじゃないかな」と即答されるのと、どちらによい印象を持つでしょうか？　おそらく、後者のほうが、「この人はいい仲間になる」という印象が強いのではないかと思います。

レスポンスが遅かったり、煮え切らない感じがあると、「あまり乗り気じゃないんだな」と思われ、「この人と組んでも、いい結果にならない気がする」という印象を与えがちです。さらに、相手からすぐに「じゃあ、他をあたりますね」と言われ、チャンスの芽を摘んでしまうことにもなるのです。

成功している人や生き生きとした人生を送っている人は、このレスポンスがとても早い人たちばかりです。そのため、成功者は、即答する人間とだけ仕事をしたいと考えます。理屈で意思決定する人よりも、直感で意思決定することができる人、有りか無しかを瞬時に判断できる「瞬発力のある人」のほうが仕事がうまくいくと知っているからです。

チャンスの前髪を掴む

成功者や実力のある人と一緒に仕事をしたり、成功するためのチャンスを掴み取るためには、瞬発力を身につけることが大切です。

「瞬発力のある人」の特徴は、次のようなものがあります。

- 自分のやりたいことが明確
- 自分の価値観やビジョンをわかっている
- ロジックが通っているかどうかより、面白そうかどうかで判断している
- コンフォートゾーン（自分が快適でいられる領域）を超える体験を欲している
- いつも準備や想定をしている

・失敗を恐れるよりも、やってみることに価値を見出している
・ネガティブな未来を恐れるよりも、心が躍《おど》る未来を創ることに意識がいっている

ここに挙げた特徴の中に、あなたにあてはまるものはありましたか？

あてはまるものがあった方は、そのまま自分の意志を持って突き進み、チャンスが来たらそれを掴んで離さないようにしましょう。

もし、あてはまるものがなかったとしても、これから瞬発力を上げていけばよいのです。


瞬発力を上げるために最も重要なことは、自分の価値観とビジョンを明確にしておくことです。そうすることで、悩む時間が減り、即答しやすくなるのです。

そのためには、まず、

「あなたは何を大切に生きているのか？」

という問いに明確に答えられるようになる必要があります。

次に「その価値観を大切にしながら、どうなりたいか？　何を達成したいか？」

など、自分のビジョンや価値観が具体的にわかっていることです。これらが明確であれば、依頼や申し入れ、お誘いなどに対して、瞬時にそして的確に有り無しを判断し、即答できるのです。

たとえば、「誠実に自分の実力の土台を積み上げる」ことを大切にしているのがわかっていれば、すぐに儲かる仕事のオファーやセミナーへのお誘いは、瞬時にNoと判断します。

しかし、自分の価値観やビジョンが明確でないと、「こんなうまい話があるのか」と思いながらもついついお誘いにYesと答えてしまうのです。

私自身も自分の価値観やビジョンが明確でない頃は、給料などの待遇面の良さだけを基準に転職したことで、大きな失敗を何度かしました。今考えれば、自分の価値観やビジョンとはまったく違う方向の仕事に大切な時間を浪費してしまっていたのです。この時、自分の価値観やビジョンがしっかり見えていれば、この転職はNoと即決し、より正しい道に進むことができたでしょう（これはこれで学ぶことがあった経験だとは言えますが……)。


あなたの価値観やビジョンを明確にするためには、日頃から、

「私は何を大切に生きているのだろう?」

「私が本当にやりたいことは何なのだろう?」

と自分自身に問い続けることです。

ここでいうやりたいこととは、

「お金持ちになりたい」

「有名になりたい」

といった自分のためのものではなく、

「人にとってこんな存在になりたい」

「こういう形で人のためになりたい」

といった人の役に立つものです。

これらの問いに明確な答えが出せるようになればなるほど、「瞬発力のある人」

後ろ髪のないチャンスの神様を見送ってしまう

「即答できる人」となって、チャンスを掴める人生の路線に乗っていけるのです。

ちなみに、チャンスは神様の前髪は長いのですが、後ろ髪はありません。

チャンスの神様があなたの前からやって来ても、いつまでも「決められない」「もっと考える必要がある」とぐずぐずしていると、前髪を掴むことができず、チャンスを掴もうと思った時には、後ろ姿が目に入るだけで、ない後ろ髪を掴み取ることはできないのです。

その14

かなり適当にスタートする

得《トク》

最初から完成度を求めず、まずは手をつける

損《ソン》

締め切りギリギリに準備をはじめる羽目になる

あなたのあるある度スケーリング

0 1 2 3 4 5 6 7 8 9 10

＊損なことをまったくしていない=0、時々している=5、いつもしている=10

＊当てはまるところを塗りつぶしてください

完璧でなくていい

企業研修やコーチングの場で、「やらなければいけないことに、なかなか手をつけられない。どうしたらよいでしょうか?」という質問を受けることがよくあります。

たとえば、プレゼンテーション（プレゼン）の準備は、数週間前からはじめて、3日前くらいまでには一通り完成し、リハーサルと微修正を繰り返して、最高の状態で本番を迎えたいが、なかなかそうはいかないという話を聞きます。これは、新製品の発表を前にした会社のCEOや学会での発表を控えている大学の先生など、言わばプレゼンにかなり慣れた方からもいただくご相談です。

理想とは裏腹に、実際はやろうやろうと思いながら、ついつい目先の仕事を優先し、気がついたら何もできないままプレゼンの3日前になり、慌てて準備を開始して、2日間ほとんど寝ないで何とか仕上げたものの、通しのリハーサルもままならないまま本番へ。細かいミスが出たり、「ここの順番変えておけばよかったなあ」というような小さなことも気になりながら、あたふたしたプレゼンになってしまいます。質問についての想定や対策も十分でないので、堂々と振る舞えない自分に自己嫌悪を感じ、終わってみれば、いつも60点ぐらいの出来になってしまうというのがパターンなのです。

「やるならばちゃんと時間を取って、ちゃんとやらなければ意味がない」という言い方もでき、なかなか手をつけられない最大の原因は、「完璧な準備をしなければいけない」という思い込みです。

ちなみに、普段ネットサーフィンやSNSのチェックには、膨大な時間を使っているのに、本を読む時間がとれないと、「積ん読」の本の高さだけどんどん高くなる状態の人がいます。「ゴールデンウィークにまとめて読もう」と思っていても、実際にゴールデンウィークを迎えると、何となくダラダラと過ごすだけで、結局、

1冊も読めない。これは、「やらなければいけないことに、なかなか手をつけられない」というパターンと同じです。

これは、とても〝損〟です。

最初の出来は、10％でいい

「完璧な準備をしなければいけない」
「やるならばちゃんと時間を取って、ちゃんとやらなければ意味がない」

これらは、本当にそうでしょうか？

実は、大きな間違いです。ですから、まずはこんな思い込みをぶっ壊してください。

大事なのは、最終的な出来。

準備（最初の出来）は、適当にはじめればいいのです。

つまり、

「最初の出来は、10％でいい。だけど、できるだけ早く手をつける」ことが、うまくいくパターンなのです。

最初からしっかりした内容を作ろうとはじめるのではなく、「最初は10％ぐらいの出来でいい」と、適当な感じでスタートしてみる。

プレゼンであれば、3週間前に、15分ほど時間を取って何かしら作ってみる。


適当にでも、1度スタートしてしまえば、やがて脳にスイッチが入るので、「そもそも、いちばん伝えたいことって何だっけ？」と自分に問いかけてみたり、「プレゼンが終わったあと、聴衆の皆さんがどういう状態になっていると最高だろう？」と想像することで、アイデアや確認すべき情報がだんだんと見えてくるので、少しずつではあっても着実に準備が進んでいきます。

なかなか手をつけない人ととりあえず手をつける人の違い

「しっかりした内容にするには、きちんと時間を取って取り組む必要がある」

と思うと、気が重くなり、手をつけることにブレーキがかかってしまいますが、

「最初の出来は、10％でいい」

と割り切れば、簡単な文章や図を作ることなど手軽にはじめることができるのです。

人間というものは不思議なもので、手をつけはじめると、「もっとよくしたい」スイッチが入るものです。絵を描くにしても、大枠の輪郭を描くと、

ちょっと詳細を描きたくなったり、色を塗りたくなったりします。

やらなければいけないことに対しても、この感覚を利用するのです。「もっとよくしたい」スイッチが入ると、「やらなければならない」が、「やりたい」に変わってきます。

そうすると、「最初の出来は、10%でいい」と思ってやりはじめても、「もう少し、もう少し」と気がつけば30%の出来になっていたり、15分の予定が1時間以上取り組んでいたりと、出来がよりよくなるのです。

たとえ、はじめたもののあまり気乗りしないで本当に5%や10%程度の出来に終わった場合でも、その日はそれで良しとし、次の日に前の日に作ったものを見てみることをオススメします。

眺めているだけなのに、やがてどこかでスイッチが入ってくる可能性があるのです。見るだけであっても何もしないよりよっぽど作業が進み、意識と行動が変わるのです。

そんなこんなしていると、1週間や2週間で、60%ぐらいの出来に達してきます。

そして、プレゼン数日前に、ある程度できたら、プレゼンのリハーサルもやってしまいましょう。そうすることで、その時の聴衆の特性を鑑みたリハーサルをしたり、想定される質問を考えたりする余裕が出てきます。寝不足の状態ではなく、心と体に余裕がある状態で臨むことが肝心なのです。

完璧な状態で取り組まなければいけないと思い込み、動けない状態を作るよりも、完璧な状態ではないままだけれど、考えたり、取り組みはじめてしまうのは、仕事や人生をうまく回す基本です。

まずは、「完璧な状態で取り組まなければならない」という思い込みを捨てて、何かしら作ってみることをオススメします。

クイックレスポンスの価値

20代の頃、私は、広告会社で営業をしていました。広告会社の営業は、チームで仕事をします。チームには、マーケティング戦略担当やクリエイティブ担当、セールスプロモーション担当など、様々なスペシャリストがいます。営業はこういった優れたメンバーをまとめ、リードしていく役目でもあります。

ある時、「営業としてクライアントに提供できる価値は何か？」について考えたいと思い、実際にクライアントに尋ねてみました。

「クイックレスポンス」

これが、真っ先に返ってきた答えでした。

それ以来、電話の折り返しや、メールの返事、ちょっとした依頼事項への取り組みなど、とにかく素早く対応することを第一に考え、仕事をするようになりました。

Column 03

全国規模の広告キャンペーンの時などは、「ポスターとＰＯＰが足りなくなったので送ってくれ」というような連絡が、クライアントである日本全国の支社の方々から山のように入ってきます。それらにもとにかく素早く対応するようにしました。すると、「三浦さんは対応が早いのでとても助かる」という声が各支社の方々から、本社の商品企画部の担当に寄せられ、営業としての評価が高まったという経験があります。クライアントのおかげで、このクイックレスポンスの習慣がついたことは、本当にありがたいことだと感じます。

転職をして、今度はクライアント側になった時、この気持ちがよくわかりました。協力会社の皆さんのレスポンスが早いと、とても助かるのです。クイックレスポンスの習慣は、ビジネスパーソンとしての大きな武器です。

実際に、重責を担う方たちや一流のスペシャリストの方たちと仕事をしていると、クイックレスポンスの方が多いことに気づきます。こういった人たちは大事な連絡が多く、すぐに返事をせず忘れていると、あとで大変なことになるのですぐに対応するそうなのです。雰囲気としては余裕があるのですが、やることはとてもスピーディーです。

　メールの打ち方にも特徴があります。それは、1メール1件という打ち方です。1通のメールに何件も用件や問い合わせを入れた場合、その中に答えるのに時間がかかりそうな件が1つでもあると、相手はすぐに返事をしづらくなるからです。そのため、他のすぐに答えられることの返事も遅れ、仕事にスピード感が失われます。その点、1メール1件という打ち方であれば、わかるものはすぐ返せるので、やりとりがスムーズなわけです。

　高いレベルの仕事には、常にスピード感が問われます。これに対応できるよう仕事の仕方を工夫していくことは、本当に重要なのです。

Chapter 4

生き方での「損」をやめる

その15

他人と競わない

損《ソン》

他人と競ってばかりいる

得《トク》

自分が向上することに注目する

あなたのあるある度スケーリング

0 1 2 3 4 5 6 7 8 9 10

＊損なことをまったくしていない=0、時々している=5、いつもしている=10

＊当てはまるところを塗りつぶしてください

勝つことは、よいことなのか

小さな頃から、私たちは競うことを教えられます。教育のシステムは、評価や比較することが主になっているので、競うことの概念が発生することになります。子どもは、学業成績というたった1つの基準で、常に評価され、比較されるため、他人と競うことを意識してしまうのです。

他人と競うことの利点は、競うことによって生じる様々な感情が、自分を動かすパワーになることです。勝負には闘争心が必要で、これが発揮される時に、人は大きなパワーを出すことができます。

ニューヨーク大学の心理学者グラビン・ギルダフの研究によると、あるランニンググラブの6年分のレース結果から、お互いがライバルだと思っている者同士が競うレースでは、軒並み好タイムが出ていることが明らかになっています。
つまり、ライバルの存在はとてもよい向上効果があるということなのです。

しかし、他人と競うことばかり意識していると、デメリットの部分がどんどん強調されていきます。

ギルダフの別の研究によると、ライバルへの意識が過度になると、心理的に視野が狭くなり、何が何でも勝とうとしたり、騙したり、いかさまをしたりといった、道徳的に問題のある行動をとる可能性が高くなることが報告されています。

また、他人と競うことを過度に意識するようになると、「常に優位な立場でいたい」という優越コンプレックスが生じ、自分を実際よりよく見せようとする傾向が表れます。そのため、常に無理をしている状態になり、ライバルへの嫉妬や他者を貶《おとし》めることにもつながり、場合によっては、いじめに発展することもあります。

たとえば、ライバルとみなす人が、SNSで仕事の華々しい成果について投稿しているのを見ると、「自慢している」と感じ、落ち着かなくなり、匿名で誹謗中傷を投稿するなどの行動をとる人も出てきてしまうのです。

このように、常に他人と競うことを意識して生きている人は、「勝つことが正義」という価値観に縛られてしまい、仮に他人と競う中で勝ちが続いても、「いつか負けるかもしれない」という潜在的な恐怖にさらされる毎日を送っているので、心が休まる時がありません。

さらに、視野や心が狭くなり、相手をリスペクトする余裕がなくなり、そのことで、人との関係性に支障をきたす可能性もあるのです。

他人と競うことばかり意識していることが〝損〟になるので、自分と他人とをあまり比べないようにすることをオススメします。

真の承認を得るための方法

他人と競うことを意識してしまうのは、多かれ少なかれ誰にもあることであり、先にも話したように競うこと自体がいけないわけではありません。

人間には成長欲がありますが、仕事や学業、スポーツ、芸術などのスキルや知識などどんなシーンにおいてもの成長のために、競争する機会は否応なく出てきます。ただし、競争におけるデメリットが大きくなると、人間性という面では、成長するどころか、むしろ自ら悪化させてしまうことにもなりかねません。

あなたが、人からの評価を気にするのであれば、死を迎える時に、「あの人、仕事はできる人だったけど、年を追うごとに人間として醜い部分をさらしていたね」と言われるのと、「あの人、すごい業績を残すだけでなく、人としても本当に尊敬に値する人だったね」と言われるのと、どちらを目指すかということです。

競争は、自分と他人を比べるものだと思う人がいるかもしれませんが、それでは競争のデメリットに陥る可能性も出てきます。どうせ競争するのであれば、昨日の自分を超えることを意識するのがオススメです。

常に「昨日の自分をどれくらい超えているか？」「今からやろうとすることは、昨日の自分より、人間的な成長をもたらす行為なのか？」を問い続けるのです。

本当に優れている人は、自分を誇示したり、自慢したりしません。これは他人との比較に価値を置いていないからです。ライバルは、昨日の自分であって、その自分を常に超え続けるための努力を日々繰り返しているのです。

このように、昨日の自分を超え続けている自分に対して、自分で承認できる（真の承認を得ている）からこそ、他人からの承認を必要としないのです。

その16

不安や心配の正体を知る

得《トク》

現在に集中し、ポジティブな未来に注目する

損《ソン》

不安や心配など、ネガティブな未来に注目する

あなたのあるある度スケーリング

0 1 2 3 4 5 6 7 8 9 10

＊損なことをまったくしていない=0、時々している=5、いつもしている=10

＊当てはまるところを塗りつぶしてください

イギリス人は傘をささない

「不安で仕方ない」
「心配だ、心配だ」

あなたは、このようなことをいつも口にしていませんか？
あなたの周りに、このようなことをよく口にしている人はいませんか？

不安や心配に苛まれているのは、仕方のないことです。なぜなら、人間は意識が不安や心配に行きがちな生きものだからです。

大体において、「なんだか心配だな」「あーどうしよう、なんだか不安」といったように、漠然とした不確実なことを気にしてしまうのです。

これを「不確実性の回避」といい、「不確実なことをどれくらい気にするのか」を表す概念です。

常に天気予報をチェックし、出かける際に傘を持っていくかどうかを決める習慣のある人などは、「不確実性の回避」の程度が高い傾向があるといえます。

一方、天気予報など、行楽の時くらいしかチェックしないという人もいます。彼らは、「不確実性の回避」の程度が低いといえます。


オランダの社会心理学者ヘールト・ホフステードの調査によれば、イギリスは、「不確実性回避」の程度が低い国の1つです（『多文化世界』有斐閣）。

イギリスは、もともと雨の降る日の多い国なので、常に傘を携帯したほうがよいはずなのですが、彼らは「雨が降ったら、濡れながら歩く」のが当たり前。私がイギリスに住んでいた頃、雨が結構降っていても、傘をささずに濡れながら歩いている人が多いことに驚きました。


これは、スポーツなどの勝負ごとにもいえることです。

「不確実性の回避」の程度が高い人と低い人

たとえば、不確実性の回避の程度が高い人は、体の調子がいい日でも、「今は調子がいいけど、いつ調子が悪くなるかわからない」などと思ってしまいます。人によっては、「調子がいいこと自体がおかしい」という思い込みを持ち、その思い込みによって、自分で調子を悪くさせてしまう人もいます。

不確実性の回避の程度が低い人は、調子がいいことを素直に捉え、「いいぞ、いいぞ、いい調子だぞ。ありがたい」という感覚で、迷うことなく最後まで突っ切ってしまうことができるのです。

そもそも不安や心配の正体は何か？

では一体、不安や心配の正体は何なのでしょうか？

これらは未来において起こる可能性がある、ネガティブな出来事のイメージです。いつも不安や心配で頭がいっぱいの人は、ネガティブな未来を予測しがちなので、頭の中がネガティブなイメージで覆い尽くされています。常にネガティブな状態にあるので、幸せな感覚（幸福度）からも程遠くなります。

幸福度とは、気分で決まります。

幸福度の調査で、日本人がいつも下位にい続けるのは、「不確実性の回避」の程度が高い気質の国民であるということも大きく影響しているでしょう。

先のヘールト・ホフステードの調査でも、日本は、世界の中でもトップクラスでこの「不確実性の回避」の程度が高い国だと言われているそうです。

意識が、ネガティブな未来にばかりあると、自ずと「今ここ」に向ける時間が少なくなり、心の安定を損ないやすくなります。

近年、メンタルヘルスの向上のための施策として、多くの企業で用いられているマインドフルネスでは、過去の記憶や未来のイメージではなく、意識を「今ここ」に向けることで、心が安定するのです。

「ベストを尽くす」の本当の意味

「わかっているけど、不安や心配になってしまうんだからしょうがないじゃないか」という人もいるでしょう。

ネガティブな未来よりもポジティブな未来をイメージしたほうがいいとはわかっているけれど、それがあまりできない。

不確実性の回避の程度のお話をしましたが、不確実性の回避の程度が高い、つまり「不安になる・心配になる＝よくない」ということではありません。ネガティブな未来を予測して、不安や心配事に対するリスクマネジメントをすることは、人生や仕事などあらゆる場面においてとても大切なことです。日本人のリスクマネジメントの能力は、世界でもトップクラスともいえるほどの高い信頼性を認められています。

実は、「不安だ、不安だ」「心配だ、心配だ」と言っている人に限って、リスクマネジメントをしっかりしていない傾向があります。やることをきちんとやらずに、心配ばかりしていたり、リスクへの対策や日々の研鑽をちゃんとせずに、将来の不安を口にしてばかりいる。だから、不安や心配から抜け出せないのです。

不安になることや心配になることが〝損〟なのではなく、不安や心配を放置していることが〝損〟なのです。

ネガティブな未来をイメージしたら、それを避けるための手立てを打ち、その上でポジティブな未来へのイメージへ切り替えましょう。

これが、〝得〟な方法です。

過剰にネガティブにならず、

「で、本当はどうしたい？　どうなりたい？」

と自分に問いかけ、

「こうなりたい」

「こうしたい」

と、ポジティブな未来へのイメージに切り替えます。

あとは、ポジティブな未来を創り出すためにベストを尽くすだけです。

ベストを尽くすとは、「むやみやたらに一生懸命頑張る」ということではなく、「今の自分ができることをちゃんとやること」です。

たとえば、今働いている会社の将来に不安を抱いているのであれば、その不安が何なのかを明確にしてみましょう。

不安の原因が、失業することへの恐れなのか、「自分が十分に活躍できる仕事でなかった」と思うなることなのか。不安というものは、「よくわからない」から厄介なのであって、不安が具体的になれば、それだけで少し落ち着くのです。

そして、「で、本当はどうしたい？　どうなりたい？」と問いかけましょう。

「将来性のある会社で働きたい」と思ったのなら、そのような会社を探し、そこに採用されるようにスキルと経験を磨く。「活躍できる方法を見つけたい」と思ったらのなら、もっと自分を生かせそうな部署や職種を探したり、異動・転職した時にしっかりと活躍できるように準備を整えておく。

こういった「今できること」にベストを尽くしてみるのです。

ベストを尽くしても、結果が望んだ通りになるとは限りませんが、「ベストを尽くした結果が、ベストな出来事。たとえそれが、望んでいなかったことだとしても、その経験が将来必ず生きてくる」

こう思って生きることが、本当の幸せを掴むために肝心なのです。

不安や心配ばかりしている自分を感じたら、

「やることやってる？」

「ベストを尽くしている？」

と聞いてあげてください。

もし、Ｎｏであったら、まずはできることからはじめてみましょう。


「海外との取引を任されたのに、英語力がない」と心配しているのであれば、１日３つ英単語を覚えるといったことからはじめましょう。このように、小さなステップでもいいのです。地道にコツコツ続けることで、３個が６個、９個、12個、１年で１０９５個と確実に力はついていきます。

ポジティブな未来をイメージしてベストを尽くす生き方は、ベストを尽くさずに心配や不安に苛まれてばかりいる人生とは、大きな差がつくのです。

その17

戦略的に利他的になってみる

得《トク》

他者への関心を持つ

損《ソン》

自分への関心ばかり持つ

あなたのあるある度スケーリング

0 1 2 3 4 5 6 7 8 9 10

＊損なことをまったくしていない=0、時々している=5、いつもしている=10

＊当てはまるところを塗りつぶしてください

利己的に生きる先に、何があるのか

人は、調子がよくなかったり、余裕がなかったり、また、世の中が大変な時は、「自分さえよければ」という行動が目立つようになり、他人に対して冷たくなります。

つまり有事の際、その人が利己的なのかどうかが見分けやすくなるということです。

利己的とは、自分のことばかりに関心があり、自分の利益だけを追い求めること。

たとえば、トイレットペーパーを買い占めたり、長蛇の列に横入りをしたり、妊婦さんが目の前にいるのに優先座席に座っていたりするなどが挙げられます。

プリンストン大学のアレクサンダー・トドロフ教授らの研究によると、人間は常に、相手がどれほど有能かよりも、どのくらい心が温かい人なのかを知ろうとするそうです。さらに、わずか33ミリ秒（0・033秒）の間に、無意識に判断すると

一瞬で相手を「温かい」かどうか判断している

いいます（『Think CIVILITY「礼儀正しさ」こそ最強の生存戦略である』東洋経済新報社）。

相手が冷たい人なのか、温かい人なのか、つまり、利己的なのか、利他的なのかによって、一定の距離を置くのか、深く付き合いたいのかも判断されてしまうということです。

利己的であるにもかかわらず、人とうまく付き合えている人たちがいます。それは、お金や社会的立場がある人たちです。しかし、それは、お金や立場によって、距離が縮まっているだけなので、これらがなくなってしまうと、周りの人は途端に離れてしまう関係なのです。

大企業の部長だった時代は、社内の人間にも取引先にももてはやされていたのが、リタイアして、そのポジションを失った途端、誰にも見向きされなくなってしまったというような話をよく聞きます。これは、大企業の部長時代も、本音では「できることなら距離を置きたい」と周りの人々に思われていたということです。

一方、世の中には、とても利他的に生きている人もいます。

利他的は、利己的の反対です。

利他的な人は、自然に自分より相手のために考えたり行動したりします。中には、危険を顧みず、溺れている赤の他人を救おうとしたり、高速道路の真ん中で事故を起こした車を見つけたら、とっさに自分の車を道の脇に止めて救出に行くなど、常に他人のために動く人もいます。

彼らに、「なぜ、そんなことをするのですか？」と聞くと、返ってくる答えは決まって、「自分にもわかりません。とっさに体が動いてしまうのです」とのこと。

図8　利己的な人と利他的な人の違い

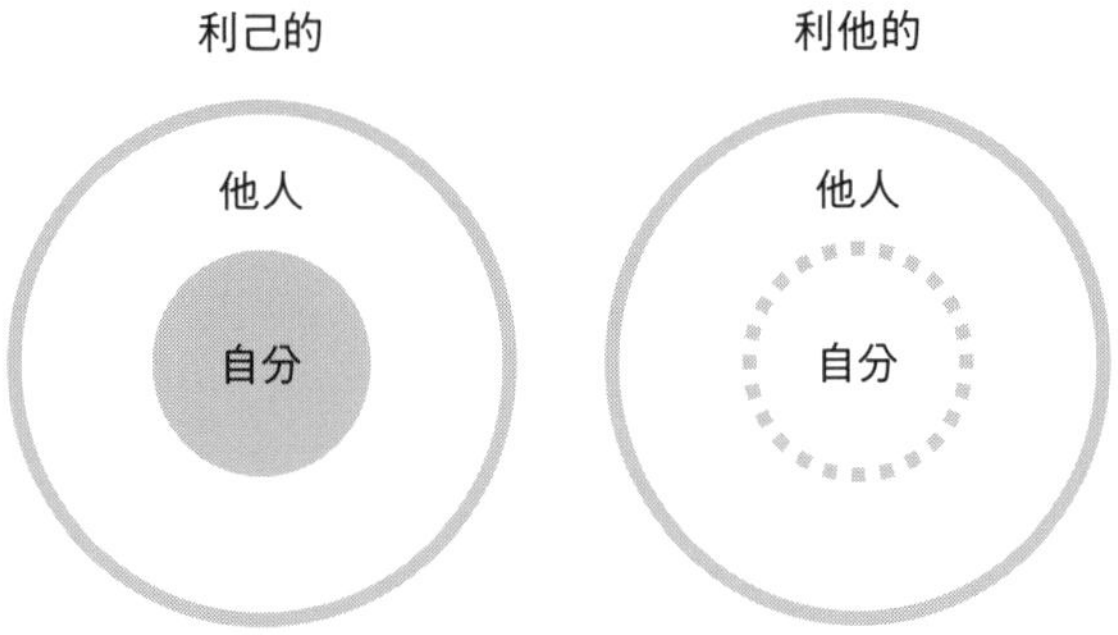

利他的な人は自分と他人との間の
境界線（ボーダー）がない

つまり、彼らのような究極の利他的な人は、自分と他人との境目のない「ノーボーダー」の感覚の持ち主です（図8右）。

彼らは、人を助けることで、人々に賞賛されることを意図しているわけではありません。

自分と他人とのボーダーがないので、彼らからすれば、「自分で自分を救って、なぜ賞賛されるの？」という感覚に近いのでしょう。

しかし、望むと望まざるにかかわらず、他人のために動ける利他的な人は周りの人から尊敬され、彼らと仲良くしたいと思う人たちに囲まれ、人々との温かい交流に包まれた人生を送ることになるのです。

利他は他人のためだけにあらず

さて、今のあなたは利己と利他の間のどの辺りにいるでしょうか？

自分のことばかり考えていては、結局、「人との温かなつながり」を失っていきます。そのため、自分が困っていたり、助けてほしい時に誰からも力を貸してもらえません。

人間は、1人では生きていけません。

そこで、「戦略的に利他的になってみる」ことをオススメします。

利他的になったほうが、人生戦略として効果的で、幸せになる確率が高くなります。利他的になるよう自分を動かしていくということです。
「利他的ってそういうことではないだろう」という声が聞こえてきそうですが、利他的な人になるためには、損得勘定を使ってきっかけを作ってあげることが有効です。意識的に利他的になろうとすることで、いつしか損得勘定は消えていき、利他的な考えや行動が身についていきます。

利他的になることが、〝得〟だとわかっていても、急に利他的になるのは難しいでしょう。まずは、目標とする利他的のレベルまで、まだ至っていないときちんと認めた上で、今からできることをするのが、オススメです。

たとえば、公園を歩いていて、ゴミが落ちていたら、1つだけでも拾ってみたり、職場でこちらから笑顔で話しかけてみたりするなど、小さなことからでいいのです。ゴミを拾ったら、公園が少しだけ綺麗になるだけでなく、ゴミを拾った自分をちょっと褒めてあげられたり、少しだけ気分がよくなります。また、こちらから笑顔で話しかけることが習慣になったら、人からよい印象を抱いてもらえたり、今度は人から話しかけてもらえる機会が増えるでしょう。

利他は他人のためだけにあらず。

つまり、利他的な行動は人のためになるだけではなく、結局自分のためにもなるのです。

利他的になるメリットは、さらにある!?

人は、自分のためだけ（利己的）の場合より、世のため人のため（利他的）のほうが、パワーがより大きくなることもあります。

2019年11月に行われたワールド・ボクシング・スーパー・シリーズ（WBSS）バンタム級トーナメントの決勝戦のお話をしましょう。

圧倒的な強さで勝ち上がってきた井上尚弥選手の相手は、最大の強敵ノニト・ドネア選手でした。

第2ラウンドで、井上選手は、相手の左フックを受けて右目の上から流血し、苦しい試合展開となりました。第9ラウンドで、相手の強烈な右ストレートを顔面に受け、大きくぐらついたものの最終の第12ラウンドまでもつれ込み、判定で井上選手が勝利しました。

彼は試合後のインタビューで、「(第9ラウンドで) 打たれた瞬間に息子の顔が浮かび、持ちこたえることができた」と語りました。彼の「息子のため、家族のため」という思いが、崩れかける足元を踏ん張らせ、井上選手にパワーを与えたのでしょう。彼自身 (利己) のためだけでなく、彼の家族や息子 (利他) のために戦ったからこそ、彼はWBSSの王者になることができたのです。

彼だけでなく、世の中で偉大なことを成し遂げてきた人たちも、「苦しんでいる人たちを救いたい」「不便を感じている人たちの力になりたい」というような利他的な動機で物事に臨んでいたからこそ、彼らの潜在能力がとてつもないレベルで発揮されたのでしょう。

あなたが今、利己的になっていたとしても、「身近な人たちのため」に動くことで、利他的な自分を少しずつ増やしていくことができます。身近な人たちが普段からあなたにしてくれていることに感謝して、その人たちのために「できることは何か？」を考えて動いてみることです。

親がやってくれることも、妻がやってくれることも、夫がやってくれることも、パートナーがやってくれることも、部下や上司がやってくれることも、当たり前のことなど何ひとつありません。彼らがいなければ、今の生活や仕事が成り立たないのではないでしょうか？

ポジティブな感情やネガティブな感情が入り交じるかもしれませんが、まずは彼らに感謝して、こちらから利他的な動きをしてみましょう。

いつも先手必勝なのです。

その18

どう死にたいかを明確にする

得《トク》

何をしたいか、どう死にたいかが
わかっている人生

損《ソン》

何となく周りに影響されて
生きる人生

あなたのあるある度スケーリング

0 1 2 3 4 5 6 7 8 9 10

＊損なことをまったくしていない＝0、時々している＝5、
いつもしている＝10

＊当てはまるところを塗りつぶしてください

自由とわがままの境界線

「あなたはわがままね」と言われたらどう思いますか？

「あなたは自由ね」と言われたらどう思いますか？

おそらく、前者では嫌な気持ちになり、後者ではいい気持ちになるのではないでしょうか。

では、わがままと自由は、どう違うのでしょうか？

わがままに生きるのと、自由に生きるのとでは、どのような違いがあるのでしょうか？

「自分の好きなように生きるのは、わがままな行為だ」と、自由とわがままを同じと思う方もいるかもしれませんが、本当にそうでしょうか？

かつて、福沢諭吉は言いました。

「自由と我がままとの境界は、他人に迷惑を掛けるのと掛けないのとの間にあります」（『学問のすゝめ』岩波書店より）

また、イギリスの哲学者ジョン・スチュアート・ミルは、言いました。

「個人の自由にも、制限されなければならない事がある。それは、他の人に、迷惑をかけてはならないということだ」（『自由論』岩波書店より）

つまり、先ほどの「自分の好きなように生きるのは、わがままな行為だ」という考えは、福沢諭吉とジョン・スチュアート・ミルが言うように、人に迷惑をかけない限り、何をしてもわがままに生きるということにはならないわけです。

では、「人に迷惑をかけなければ何をしてもいい」という考えを、あなたは正しいと思うでしょうか？

面白いことに、日本人は、この考えにＮｏと言う人が、他の国々の人たちに比べてとても多いのです。

さらに、日本人は、人に迷惑をかけるわけでもないのに、自らの言動に制限をかける傾向があります。

「こんなことをすると、迷惑まではいかないけど、周りによからぬ影響を与えるな」

「たとえ、人に迷惑をかけていなくても、こんなことをするとこんな風に見られるからよくない」

などの思いもあるのでしょう。

ただ、周りの目を気にして、自分の中にあるいろいろな気持ちを抑えつけて、自分を周りと同調させ続けていると、やがて何のために生きているのかがわからなくなってしまいます。

厄介なのは、

「私がこうして我慢しているのだから、あなたもそうするべきだ」

と人にもその思想を押しつけようとしたり、人の言動に暗黙の制限をかけたくなってしまうことです。

そして、言動にあまり制限をかけていない自由な人を見ると、自分は我慢しているのに自由にしていることに憧れる気持ちがある反面、同時に妬みや嫉《そね》みを抱くようになります。こうした思いが、出る杭は打たれ、目立つ人に対してやたらと批判が出る日本ではよくある環境を作っていくのです。


その影響をもろに受けてしまうことは、実に〝損〟ではないでしょうか？

このような環境の中でも、自分が「何をしたいか？」を大事にして生き、周りがどうだからとか、常識がどうだからとかではなく、己を基準に生きてみることができたら、実に清々しい人生を送ることができるでしょう。


自分の気持ちを我慢せず、自由に生きるために大事なことは、

「本当はどうしたいのか？　何をしたいのか？」

という軸が、自分の中でしっかりと定められていることです。

この質問を突き詰めていくと、

「結局、どう死にたいか？」

という死生観にたどり着きます。

死生観は、生きることと死ぬことに対する考え方であり、「人生の終わりの迎え方」から「今の生き方」をどうすべきかについて考えることです。


多くの人は、死の瞬間を迎える前に、やって失敗したことへの後悔ではなく、「勇気を出して、あれをやっておけばよかった」とやらなかったことを深く後悔するそうです。そんな最後に後悔する人生にしないためにも、たとえたくさんの失敗をしたとしても、「我が人生に悔いなし」と思いながら死んでいけるように、「本当はどうしたいのか？　何をしたいのか？」を自分に常に問いかける習慣を持ちましょう。

日本人には、「自分」がない

「他人に迷惑をかける」ということについて、別の見方をしてみましょう。

私がイギリスでサッカーのプレミアリーグの試合を観に行った時、試合後のスタジアムの汚さに驚いた覚えがあります。文字通り、ゴミの山だったのです。日本のJリーグの試合会場には見られない光景でした。

また、毎年夏に苗場《なえば》スキー場で開催されるFUJI ROCK FESTIVAL（フジロック）では、海外の音楽フェスを経験した人たちから、来場客のマナーの良さや会場の綺麗さは、奇跡だと言われます。


このように日本人のマナーの良さは、世界でも有名です。規律性の高さや協同の精神は、世界に誇るべきことです。

日本人はマナーが良いと言われる一方、気になる傾向もあります。

それは、人が見ている時のマナーは世界一ですが、人が見ていない時のマナーには「？」がつくという点です。

たとえば、富士山の世界遺産は、何回も不適格となり、認定まで20年もかかってしまいました。さらに、自然遺産としてではなく、文化遺産としての登録になったのです。その原因は、登山客が残すゴミの多さでした。

これは、あくまで1つの例です。人が見ている時や人から見えるところでは、きちんとマナーを守るのにもかかわらず、そうでないところでは、「誰も見ていないからいいや」となる傾向があるのです。

この傾向は、日本人の「自分」のなさの表れです。

「人に批判される」「マナーの悪い人だと思われる」「周りとの関係性が悪くなりそう」だからやらない。

これは、「みんなが残業している中、自分だけ帰るのも悪いから、特にやることないけれど残業しておこう」といった、周りの同調圧力に屈して自分の意に反する行動を取っている時と同じ種類の心理だと思うのです。

「人が見ていないところでは、平気でゴミを捨てる」という行為は、倫理やルールに反しているようなことでも、「みんながしているなら、自分もしてもいい」、理にかなっていないことでも「みんながＹｅｓなら、自分もＹｅｓと言っておかなければいけない」ということにもつながります。

戦争がはじまる時や組織がおかしな経営判断をしてしまう時は、このような同調圧力に屈し、相手のご都合に合わせたことから生まれる異様な「空気」が醸成されます。

このような周りの目を気にした生き方は、結局、自分自身に大きな損をもたらすのです。

決して騙せない人

周りの目を気にしないために、次のことを意識してみてください。

自分自身を騙そうとするのをやめてみる

「バレなきゃいい」をやめてみる

自分のやっていることを一番知っているのは、自分自身です。騙そうと思っても、自分だけは騙せません。

ロシアの小説家トルストイは、「自分を欺くことは、人を欺くことよりも悪いことである」と言いました。

「誰も見ていないから、ゴミを捨ててもいいや」「人もやっているから、自分もやっていいや」と正当化しようとしても、それを正当化できないということは、自分自身が一番知っています。自分を欺こうとする習慣がついてしまうと、人を欺こうとする気質が生まれます。そのため、まずは自分を欺き、騙そうとすることからやめてみるのです。

いきなり「聖人君子のようになれ」ということではありません。できるところから少しずつはじめてみるのです。

タバコのポイ捨てをしていたなら、捨てた場に行き、「これ1つで、街を汚そうとしていることを自分でわかっているんだな」と自分に聞いたり、誰も見ていないところで仕事の手抜きをしそうになった時に、「自分自身が見てるぞ」と考え直してみたりする。完璧ではなくても、こうしたチェック機能を自分に働かせるだけで、同調圧力に屈することなく、自分の意志が伴った行動であなたの毎日が埋め尽くされていくことでしょう。

周りの目を気にする「自分」のなさに気づき、「自分」を持って、周りに何と言われようとも逃げずに「本心」を貫いて生きてください。

自分で自分を育てること。それが、後悔しない人生になるのです。

さて、ここであらためて聞いてみたいと思います。

あなたは、どれくらい損得勘定で、物事を判断しているでしょうか？

本書では、人間誰しもが持つ「損することを避けたい」という気持ちを活用し、自分の思考や行動を得なものに切り替えていくことの大切さをお話ししました。

紹介した18のことを一つひとつ身につけていくことで、あなたの人生は大きな変化を見せていくことでしょう。やがて、損得勘定ではなく、「人として何が誠実な行動なのか？」「自分として何をどうしたいか？」で物事を判断する自分に変化していることに気づくでしょう。

そう、「損得勘定で物事を判断しない人間になるための本」でもあるのです。

18のことの中から、今のあなたに特に必要と思われるトップ3を選んでみてください。

Chapterに関係なく、自分が最も損していることから順番に選んでみましょう。

なんとなくうまくいかないがなくなる18のこと

その9……ＡＩに負けない
その10……平凡転じて非凡となる
その11……スケジュール帳をガラガラにする
その12……「何でも屋」にならない
その13……即答する
その14……かなり適当にスタートする
その15……他人と競わない
その16……不安や心配の正体を知る
その17……戦略的に利他的になってみる
その18……どう死にたいかを明確にする

あなたにとってのトップ3

トップ1

トップ2

トップ3

あなたにとってのトップ3のうち、まずはトップ1を身につけることからはじめてみましょう。トップ1が身についたら、トップ2に取りかかり、トップ3まで実行したら、続けてトップ4、5と次の候補を挙げて、取り組んでいってください。

あなたにとってのトップ3を明確にすることで、
「自分は損なことばかりしているな」
などと思うかもしれませんが、
「今、損していることに気づけたなんてラッキー」
と、ポジティブに考え、「得なことに変えられる可能性があるぞ」と、あなたの可能性を承認してあげてください。

自分を変えることは、一朝一夕にはできません。

しかし、続けていけば、必ず確実な成果が挙がっていきます。

大丈夫です。ここまで読んでくれたあなたは、もうその入り口に立っているのですから。

あなたは力です。力の結晶です。

参考文献

『相手を変える習慣力』三浦将　クロスメディア・パブリッシング　2016年
『自意識と創り出す思考』ロバート・フリッツ／ウェイン・S・アンダーセン　田村洋一（監訳）武富敏章（訳）Evolving　2018年
『生き方』稲盛和夫　サンマーク出版　2004年
100分de名著　アドラー『人生の意味の心理学』岸見一郎　NHK出版　2016年
『インナーゲーム』W・T・ガルウェイ　後藤新弥（訳）日刊スポーツ出版社　2000年
100分de名著　スピノザ『エチカ』國分功一郎　NHK出版　2018年
『学問のすゝめ』福沢諭吉　岩波書店　1871年
『監獄の誕生―監視と処罰』ミシェル・フーコー　田村俶（訳）新潮社　1977年
『嫌われる勇気』岸見一郎　古賀史健　ダイヤモンド社　2013年
『経営戦略としての異文化適応力』宮森千嘉子　宮林隆吉　日本能率協会マネジメントセンター　2019年
『自分を変える習慣力』三浦将　クロスメディア・パブリッシング　2015年
『自由論』J・S・ミル　岩波書店　1859年

『Think CIVILITY「礼儀正しさ」こそ最強の生存戦略である』クリスティーン・ポラス　夏目大（訳）東洋経済新報社　２０１９年

『スピノザ』Ｇ・ドゥルーズ　鈴木雅大（訳）平凡社　２００２年

『性格は変えられる』野田俊作　創元社　２０１６年

別冊日経サイエンス『成功と失敗の脳科学』日経サイエンス社　２０１２年

『セルフ・アウェアネス』ハーバード・ビジネス・レビュー編集部　ダイヤモンド社　２０１９年

１００ｄｅ名著　西田幾多郎『善の研究』若松英輔　ＮＨＫ出版　２０１９年

『多文化世界—違いを学び未来への道を探る　原書第3版』Ｇ・ホフステード／Ｇ・Ｊ・ホフステード／Ｍ・ミンコフ　岩井八郎　岩井紀子（訳）有斐閣　１９９５年

『斜めから見る—大衆文化を通してラカン理論』スラヴォイ・ジジェク　鈴木晶（訳）青土社　１９９５年

『劣等感と人間関係』野田俊作　創元社　２０１７年

Giada Di Stefano, Giada, Francesca Gino, Gary P. Pisano, and Bradley Staats. "Making Experience Count: The Role of Reflection in Individual Learning." Harvard Business School Working Paper, No. 14-093, March 2014.

著者紹介

三浦　将（みうら・しょうま）

株式会社チームダイナミクス 代表取締役、人材育成・組織開発コンサルタント／エグゼクティブコーチ、英国立シェフィールド大学大学院修了（MSc : Master of Science）

大手広告会社、外資系企業を経て、エグゼクティブコーチとして独立。そのコーチングの成果が評判を呼び、申し込みが殺到するコーチになる。

代表を務める株式会社チームダイナミクスでは、「月曜の朝、元気に仕事に向かう人たちをこの社会に増やす」を存在意義として、人材育成コンサルティングおよび企業研修を行っている。“習慣力”エキスパートとしての知見を活かし、研修後における研修内容の習慣化、行動定着化の確かな実績にも定評がある。

現在、「習慣は才能を超える」をテーマに、老若男女誰もが参加できる「習慣力協会」を設立し、オンライン、オフライン両面で習慣力の啓蒙と増進のために精力的に活動している。

著書には、『自分を変える習慣力』『相手を変える習慣力』『チームを変える習慣力』（クロスメディア・パブリッシング）他多数。累計30万部を超える。

●習慣力協会 ウェブサイト →
http://shukanryoku.com

●メールマガジン
https://www.reservestock.jp/subscribe/24613
●オンラインサロン「習慣塾」
https://resast.jp/conclusions/4464
●株式会社チームダイナミクス ウェブサイト
http://www.teamdynamics.co.jp

損《そん》か得《とく》か
いつもうまくいかない人生《じんせい》を変《か》える18の思考法《しこうほう》　〈検印省略〉

2020年　6　月　30　日　第　1　刷発行

著　者――三浦 将（みうら・しょうま）
発行者――佐藤 和夫

発行所――株式会社あさ出版
〒171-0022 東京都豊島区南池袋 2-9-9 第一池袋ホワイトビル 6F
電　話　03（3983）3225（販売）
　　　　03（3983）3227（編集）
F A X　03（3983）3226
U R L　http://www.asa21.com/
E-mail　info@asa21.com
振　替　00160-1-720619

印刷・製本（株）シナノ

facebook　http://www.facebook.com/asapublishing
twitter　http://twitter.com/asapublishing

ISBN978-4-86667-206-9 C2034